10 STEP

CCC10단계

성경교재

인도자용

9-10단계

순출판사
CCC 한국대학생선교회

CCC 10단계 성경교재 인도자 교범(9-10단계)

1985년 2월 28일 초판 발행
2014년 7월 25일 개정판 1쇄 발행
2024년 7월 22일 개정판 3쇄 발행

지 은 이 **빌 브라이트**
발 행 처 **순출판사**
감 　 수 **교육개발팀**
디 자 인 (주)**아이엠크리에이티브컴퍼니**
일러스트 (주)**아이엠크리에이티브컴퍼니**
주 　 소 **서울시 종로구 백석동 1가길 2-8**
전 　 화 **02)722-6931~2** 팩 스 **02)722-6933**
등록번호 **제 2020-000159 호**

값 10,000원
ISBN 978-89-389-0275-7

책 내용과 관련된 문의는 한국대학생선교회_교육개발팀 (02-397-6267)으로 문의 바랍니다.

CCC
10단계
성경교재

〈개정판〉

그리스도인은 날마다 영적으로 성장해야 합니다. 그리스도인이 성숙할수록 주님의 은혜를 더욱 풍성히 누리고 또 세상에서 주님을 위해 영향력 있는 삶을 살 수 있습니다.

CCC 10단계 성경교재〈개정판〉은 영적 성장에 필요한 하나님 말씀의 기본적이고 핵심적인 내용들을 담고 있습니다. 이 책을 공부하면 성경에 대한 지식과 중요한 교리뿐만 아니라 기독교 신앙의 광범위한 개관을 체계적으로 알 수 있으며 그리스도인의 삶의 특성과 그리스도인의 특권과 책임에 대해서도 배울 수 있습니다. 또한 나 자신의 영적 성장만 아니라 다른 사람을 그리스도에게 인도하거나 그의 믿음이 성장하도록 도울 수 있습니다.

이 교재는 중 · 고등학생에서부터 대학생과 성인, 모두가 사용할 수 있으며, 혼자서 공부할 수도 있고 그룹으로 함께 공부할 수 있는 주제별 성경공부 교재입니다.

CCC 10단계 성경교재〈개정판〉은 국제 CCC 창설자이신 고(故) 빌 브라이트 박사님의 지도하에 만들어진 책입니다. 책의 앞에 나오는 글은 빌 브라이트 박사가 하신 이야기입니다. 이 책은 본래 있던 교재를 다시 개정한 것입니다.

순(筍)

이새의 줄기에서 뻗어 나온 연한 순(筍)은 주님을 가리킨다(사 11:1; 53:1-12). 순은 가지에서부터 무한히 뻗는 동안 잎과 꽃과 열매를 맺는다. 순은 자신을 위해 있는 것이 아니라 숨어버리는 무한한 생명의 전달자요, 나룻배요, 어머니요, 수단이요, 기능일 뿐이다. 오늘도 CCC의 순(제자화를 위한 소그룹)은 이 땅에 '푸르고 푸른 그리스도의 계절'이 오도록 강인한 생명력으로 힘차게 뻗어가고 있다.

순(筍)출판사는 주님의 지상명령 성취와 한국 교회를 섬기기 위한 CCC의 문서사역을 감당합니다.

저자의 글

주님은 우리에게 모든 사람에게 가서 복음을 전하고 그들에게 말씀을 가르치라는 지상명령을 주셨습니다(마 28:18-20). 이 말씀에 따라 2,000년 전 주님의 교회가 세워진 이래 복음을 듣고 그리스도를 영접한 수많은 사람들이 그리스도의 지상명령을 성취하기 위해 헌신하고 있습니다. 그러나 오늘날 신문, 방송, 교육, 정치 등 여러 중요한 영역에서 나타나는 기독교의 영향력은 너무 미약합니다. 무엇인가 잘못된 것이 분명합니다.

그리스도인들은 믿음의 성숙 정도에 따라 주님께 쓰임을 받습니다. 그리스도인이 영적으로 성숙할수록 주님은 그들을 효과적으로 사용하실 수 있습니다. 그리스도를 위해 영향력 있는 삶을 살기 위해서는 영적으로 성장해야만 합니다. 사람들을 그리스도에게로 인도하는 방법을 알고 다른 그리스도인들을 더 성숙한 믿음의 단계에 이르도록 도와줄 수 있어야 합니다. 이를 위해 가장 중요한 일은 하나님의 말씀을 깊이 연구하는 것입니다.

신앙생활의 성장을 위한 『10단계 성경교재』는 그리스도인들이 영적으로 성장할 수 있도록 돕기 위해 고안된 것으로, 기독교의 중요한 교리들을 명확하게 다루고 제시합니다. 이 책을 진지하게 공부하면 영적 진리를 깊이 알게 되고, 이 책의 가르침대로 행하면 능력 있는 그리스도인의 삶을 살게 될 것입니다. 세상에 복음을 전하고 말씀을 가르칠 필요가 절실한 이때에 많은 사람들이 좌절감과 무력감을 느끼고 있습니다. 『10단계 성경교재』(*Ten Basic Step: Ten Step, TBS*라고 부르

기도 함)를 진지하게 공부하고 배운 대로 행한다면, 두려움과 패배감에서 벗어나 새로운 차원에서 믿음을 전달하게 될 것입니다.

『10단계 성경교재』는 원래 대학생들을 대상으로 쓰여진 책이지만 성인들과 십대 청소년들에게도 효과적으로 사용될 수 있습니다. 현재 세계 곳곳에서 번역되어 개인 성경공부 교재로 또는 교회와 가정, 군대, 교도소 등에서 다양한 소그룹의 성경공부 교재로 사용되고 있습니다. 특히 『10단계 성경교재, 인도자용』은 성경공부 모임의 인도자, 심지어 처음으로 성경공부를 인도하는 초보교사라 하더라도 효과적으로 가르칠 수 있도록 다양한 정보와 그 지침을 제공합니다.

이 책이 당신의 삶에 복이 되어 당신 삶을 영적으로 성숙시키고, 풍성한 삶을 경험하는 도구로 쓰여지길 기도합니다. 또한 당신이 그리스도를 증거 하는 일에 더 효과적으로 사용될 것을 확신합니다.

고(故) 빌 브라이트(국제 대학생선교회 창설자)

10단계
성경교재 인도를 위한 지침

1. 순장의 역할

순장은 소그룹 성경공부 모임인 '순'을 이끌어 가는 인도자로 '옳고 그름을 판단하는 자'가 아니라, '순원들이 스스로 공부하도록 돕는 자'이다. 최고의 스승(Master Teacher)은 우리 주 예수 그리스도이시다. 주님은 순원들에게 필요한 것을 정확하게 아신다. 예수님을 선생님으로 모시고 그분에게 순종함으로 그분이 당신을 통해서 순원들을 가르치시게 하라.

1) 순장은 강의자가 아니라 토의 인도자이다. 순장이 토의를 지배해서는 안 된다.

2) 순장은 순원들의 생각에 자극을 주고, 요구된 답 이상의 지식을 찾아내기 위해 더 깊이 탐구하도록 격려해야 한다.

3) 순장은 얻은 지식을 생활에 적용시키는 방법을 가르쳐야 한다. 행동과 삶이 바뀌기 전까지는 참다운 배움이 이루어진 것이 아니기 때문이다.

4) 순장은 순모임을 인도하기 전에 이 교재의 내용을 여러 번 읽고 숙지하며 미리 준비해 야 한다.

5) 순모임에 가기 전에 순원들의 마음을 성령께서 준비시켜 주시도록 기도로 온전히 맡기라.

2. 10단계 성경교재 인도 방법

1) 이 시간은 단순히 성경에 관한 지식을 순장이 일방적으로 전달하는 시간이 아니라 토론과 질문을 통해 성경 말씀을 각자의 삶에 실제적이며 진지하게 적용해 보는 시간임을 기억하라.

2) 함께 공부하는 순원이 10명을 넘지 않는 것이 좋다. 10명을 넘으면 친밀감이 사라진다.
3-6명 정도의 소그룹이 이상적이다. 둥글게 앉는 것이 가장 좋다. 교회 성경공부처럼 큰 모임에서는 먼저 인도자가 공부할 과의 핵심 내용이나 배경에 관한 것을 다루고, 그 후에 소그룹으로 나누어 훈련된 순장들이 인도하는 것이 효과적이다.

3) 순원이 질문에 대답을 할 때, 순장은 그가 한 대답에 적절하게 반응하라. 그가 머뭇거릴 때에는 그를 도와주고, 작은 부분이라도 그의 대답에 감사와 칭찬을 아끼지 말라.

4) 순원들이 질문의 의미를 이해하는지 확인하고, 문제에 대답하기 어려워할 때는 문제를 좀 더 쉽게 다른 말로 풀어서 설명해 주라.

5) 먼저 사람을 지명하여 대답을 듣기보다는 모든 순원들에게 개인적으로 대화하듯이 자연스럽게 질문하는 것이 좋다.

6) 대답할 충분한 시간을 주라. 조급하게 대답을 요구할 경우 생각을 자극하고 발전시키기보다는 오히려 모임이 경직될 수 있다.

7) 질문에 대답할 기회를 모든 순원들에게 주되, 순서대로 하지 말고 자연스럽게 하라.

8) 질문에 대한 이해력이 빠른 순원과 늦은 순원에게 관심을 가지고 각자의 지식과 경험에 따라 대답할 수 있도록 기회를 주라. 자원하는 순원이나 수줍어하는 순원 모두에게 대답할 기회를 주라.

9) 한 순원이 자신의 의견을 말하면 다른 순원들

에게도 의견을 물으라. 그들에게 그 이유도 말하게 하라. 토론을 통해 더 많은 것을 배울 수 있다.

10) 순장은 토의를 조직적으로 이끌기 위해 교재를 충분히 예습하고 철저히 준비해야 한다. 적절한 예화들이나 자료들을 더 준비하는 것도 좋겠다.

3. 교재의 구성

1) 『10단계 성경교재』의 각 단계는 일반적으로 6과로 구성되어 있다. 각 단계 첫 머리에 각 권의 주제를 소개하는 내용이 나온다.
성경공부를 진행하기 전에 이것을 주의 깊게 읽음으로 공부할 주제에 대해 명확한 통찰을 얻을 수 있다.

2) 각 과는 다음과 같이 구성된다.

* 색 구별 : 검정색은 학생용과 동일한 부분이며 색이 다른 것은 교사용으로 구분되어 있다. 색이 다른 부분을 숙지해 가야 한다.

* 학습 목표 : 각 과마다 학습 목표를 두어 배워야 할 핵심 내용이 무엇인지 알 수 있게 했다. 학습목표를 염두하고 인도함으로 순원들이 배워야 할 지식, 태도, 행동의 목표 달성을 돕도록 했다.

* 토의 시작을 위한 동기 부여 : 성경공부 도입 부분의 내용은 그 과의 주제를 이해하고 공부하는 데 동기부여가 될 것이다. 또한 도입 질문을 통해 자연스럽게 성경공부를 시작할 수 있다.

* 성경공부 : 교재의 문제들을 차례로 토의하고 공부해 나갈 때 각 과의 주제에 대해 더 깊이 이해할 수 있게 된다.

* 순장 보충 자료 : 교안 중 네모 칸 안에 있는 내용은 각 질문들에 대한 답을 좀 더 깊이 이해할 수 있도록 돕는 보충자료이다. 성경 본문의 문맥이나 역사적 배경, 어려운 단어 설명, 도움말 등을 포함하고 있어 내용을 더 잘 이해하도록 했다.

* 적용 : 이 단계는 성경공부의 지적인 이해에서 행동의 단계로 옮겨 가는 시간이다. 이때 순원들이 개인적인 결단을 하도록 이끌어야 한다. 그들의 생각을 이끌어 주고 그들의 가치관, 태도, 행동이 변화되도록 도우라.

* 외울 말씀, 읽을 말씀 : 순원들이 '외울 말씀'의 구절을 외우도록 격려하고, 또 외운 구절을 잊지 않도록 규칙적으로 복습하는 것이 중요하다.
'읽을 말씀'은 순모임에서 읽기보다는 순원들 각자가 다음 순모임에 오기 전에 반드시 읽도록 숙제를 주라. 순원들이 이를 충실히 실행하도록 격려하고 칭찬하라. 순원들이 이런 훈련을 통해 기쁨과 승리와 능력을 경험하게 될 것이다.

목차

9단계 구약성경 탐험

10단계 신약성경 탐험

9
구약성경 탐험

10 STEP

그리스도인의 성장을 위한
CCC 10단계 성경교재

구약성경 탐험

약속과 축복에 담긴 비밀 발견하기

하나님은 사람이 자기의 운명을 선택할 수 있도록 창조하셨다

역사 이래로 사람들은 생명의 창조주를 찾으며 끊임없이 질문을 해왔다. '나는 누구인가?' '나는 왜 존재 하는가?' '나는 어디에서 와서 어디로 가는가?'

창세기에 기록된 창조 이야기에서 하나님은 우리에게 그 해답을 주신다. 인류 탄생의 순간을 함께 상상해 보자. 하나님이 흙을 퍼내어 경이롭고도 새로운 형태로 조심스럽게 빚으신다. 그 빚어진 흙이 생명을 맞이하기 위해 조각가 앞에 놓여 있다. 만족스런 미소를 띠면서 창조주는 몸을 구푸려 움직이지 않는 그 형상에 깊이 숨을 불어 넣는다. 생명의 호흡이 폐를 채운다. 따뜻한 온기의 파도가 흙으로 빚어진 그 몸속에 깊이 스며들면서 힘을 불어 넣는다.

그가 더듬거리며 묻는다. "나는 누구인가요?"

그를 만드신 분이 미소 지으신다.

"너는 사람이고 이름은 아담이야. 내가 너를 최고의 창조물로 만들었단다."

아담이 몸을 일으킨다. "나를 왜 만드셨나요?"

"나와 교제하며 나의 영광을 드러내기 위해서란다!" 그 거룩하신 분이 대답해 주신다.

"앞으로 나는 무엇을 하게 되나요?"

"내가 네 갈비뼈로 네 반려자인 여자를 만들테니 너희는 하나가 되어 번성하여 땅을 채우고 내가 만든 모든 것들을 다스리게 될 것이다"

창조주는 피조물을 바라보시고 감탄하신다. "아주 좋구나!"

하나님의 탄성이 온 우주에 울려 퍼진다.

인간의 여정은 이렇게 시작되었다.

불순종을 선택하여 사망에 이르다

하나님은 사람에게 자신의 삶을 선택할 능력인 자유의지를 주시고, 그 안에 순종하는 능력과 규범도 주셨다. 아담은 하나님의 뜻을 아는 지식과 함께 순종의 복과 불순종의 형벌도 알고 있었다. 그런데 무슨 일이 벌어졌는가?

하나님께서는 하나의 규범으로 에덴동산에 선악을 알게 하는 나무를 두시고, "동산 각종 나무의 열매는 네가 임의로 먹되 선악을 알게 하는 나무의 열매는 먹지 말라 네가 먹는 날에는 반드시 죽으리라."고 경고하셨다(창 2:16-17). 아담이 그 열매를 먹는다면 그는 선악을 알게 되고 순전함을 잃게 되고, 그 자신과 온 인류에게 죽음과 타락을 가져오게 된다.

당신은 사탄인 뱀이 어떻게 하와를 유혹하여 금지된 과일을 따먹게 하고 남편에게도 주었는지 알고 있을 것이다. 아담은 그의 행동이 가져올 결과를 알면서도 선악과를 먹기로 했다. 그 불순종의 행위로 인류는 순전함에서 "타락"하게 되었고, 그들을 사랑하시는 창조주로부터 분리되었다(창 3장). 그 영향으로 하나님이 계획하신 인류의 모든 것은 파괴되었다.

첫째, 타락으로 말미암아 사람에 대한 하나님의 계획이 파괴되므로 사람들은 하나님의 권위를 무시하고 하나님을 의존하지 않게 되었다. 인간이 그의 창조주로부터 독립한 순간, 인간과 하나님과의 영원한 유대관계는 깨어졌다.

둘째, 고통과 어려움과 슬픔이 생겼다. 여자는 해산의 고통을 겪어야 했다. 남자에게는 땅이 저주를 받아 경작하는 수고 없이는 더 이상 좋은 열매를 맺지 않게 되었다. 엉겅퀴와 가시들이 땅을 뒤덮었다. 그 결과로 그는 지치도록 육체적 노동을 해야만 살 수 있었다. 하나님의 동산에서 쫓겨난 인류는 저주 받고 황폐된 세계에서 미지의 운명을 맞게 되었다(창 3:16-19, 22-24).

셋째, 하나님과의 분리인 죽음으로 인해 사람은 영원히 영적 어둠에 갇히게 되었고 사탄의 왕국에 넘겨졌다. 하나님과 교제할 수 있는 능력은 하나님에 대한 두려움으로 바뀌게 되었고 죄에 대한 수치가 순전함의 즐거움을 빼앗아갔다(창 3:1-19; 롬 5:12; 요 3:19).

인류는 자유의지로 선악과를 따먹었던 순간에 영원한 생명의 씨앗을 잃어버렸다. 이제 영원히 사는 대신에 사는 날이 제한되었고 그의 운명은 파괴되었다. 전도서의 기자는 이러한 불행을 아래와 같이 날카롭게 묘사했다.

"내가 깨달은 것은 오직 이것이라 곧 하나님은 사람을 정직하게 지으셨으나 사람이 많은 꾀들을 낸 것이니라"(전 7:29).

"모든 사람의 결국은 일반이라 이것은 해 아래에서 행해지는 모든 일 중의 악한 것이니 곧 인생의 마음에는 악이 가득하여 그들의 평생에 미친 마음(madness)을 품고 있다가 후에는 죽은 자들에게로 돌아가는 것이라"(전 9:3).

불순종으로 인해 아담과 하와는 사람을 교활하게 유혹하는 사탄을 따라서 불신과 거짓의 터널로 들어갔다. 터널을 지나면서 그들과 그들의 후손인 모든 인류는 그들의 불순종의 비극적인 결과를 맞이하게 되었다. 그들은 더 이상 그들의 운명을 명쾌하게 볼 수 없었다. 기능 장애, 질병, 부패, 죽음과 같이 그들의 반항이 가져온 결과를 어디에서든지 볼 수 있게 되었다.

구약성경은 타락의 극적인 영향을 기록하고 있다. 인류의 죄악의 부패가 너무 빨리 진행되므로 하나님은 사람을 지으신 것을 후회하시고 몇 사람만 남기시고 모든 인류를 홍수로 멸망시켰다. 홍수 후 노아와 그의 가족으로 새로운 출발을 했지만 인류는 또 다시 깊은 어둠 속에 빠졌다.

구약성경의 마지막 책인 말라기는 불순종하는 사람들에게 하나님의 마지막 메시지를 전해 준다. 이에 반해 성경의 마지막 책인 요한계시록은 놀랍게도 악에 대한 예수 그리스도의 마지막 승리와 인류의 궁극적 회복을 전해 준다.

우리 모두는 왜 고통을 당해야 하는가?

사람들은 "한 사람 아담의 죄와 불순종 때문에 왜 모든 사람들이 고통을 겪어야 하는가?"라는 질문을 종종 한다. 그 이유는 아담이 온 시대를 통하여 인류를 대표하기 때문이다.

현대사에서 우리는 히틀러나 스탈린 같은 잔인한 독재자들의 출현을 많이 보았다. 악한 지도자들의 행위로 그 나라와 심지어 이웃 나라의 많은 사람들이 상처받고 죽음을 당했다. 이와 같이 아담의 죄는 그가 대표하는 인류에게 죽음과 부패를 가져왔다. 이 땅에 태어난 모든 사람들은 아담의 의지적인 불순종 때문에 고통을 당한다. 전도서 기자는 '모든 사람의 끝은 죽음이다. 산 자는 이것을 그의 마음에 둘지어다.'라고 말했다(전 7:2).

인류의 첫 부모는 자신의 뜻을 하나님의 뜻보다 더 중요하게 여기는 죄를 지었다. 이것은 하나님께서 정하신 한계를 의도적으로 넘어선 것이며, 살아계신 하나님의 말씀을 하나님을 대적하는 자의 거짓말과 바꾼 것이다. 그 이후 태어난 모든 인류는 자신의 길로 가려는 성향을 물려받았다. 이것을 '죄성'이라고 한다. 사람의 자유의지의 특징은 하나님께 대한 적극적인 반항과 소극적인 무관심이라고 할 수 있다(시 106:39, 43; 사 24:20). 죄로 인해 사람은 천성적으로 타락하고 부패했다. 그의 지식이 어두워지고 양심이 더러워져 그의 생각과 감정이 세속적이고 감각적이며 악으로 가득하다(엡 4:18; 고전 3:3; 전 9:3).

인간은 하나님의 사랑과 용서를 받을 자격이 없다. 인간은 거룩한 것에 적대적이며 끊임없이 타락하려는 본성을 갖고 있으며 스스로 벗어날 수 없는 것에 매여 있다(롬 8:7; 7:18, 23-24).

하나님의 놀라운 계획

죄의 본성으로 가득한 상태의 인간이 어떻게 그의 창조주와 다시 연합하고 교제를 회복할 수 있을까? 인간은 그의 죄를 해결하고 구원받아야 한다. 그러나 누가 그를 구속할 수 있는가?

하나님은 놀라운 계획을 가지고 계셨다. 그것은 타락 이후에 생각하신 것이 아니라 사람을 창조하기 전부터 품으셨던 영광스러운 일이었다(엡 1:3-14). 그 계획은 하나님의 무조건적인 사랑과 완전한 공의를 포함하고 있었다.

사람은 스스로를 구속할 수 없다. 오직 죄 없는 분만이 하나님의 공의를 만족시킬 수 있다. 사람을 구속하려면 사람을 대신하는 자리에 설 수 있는 사람이어야 하고, 죄인을 위해 죽을 수 있도록 죄가 없어야 한다. 그러한 구속자는 인류로부터 나올 수 없어서 하나님으로부터 와야만 했다.

이러한 목적을 만족시키기 위하여 성령으로 잉태되어 처녀에게서 나신 하나님이신 예수 그리스도는 대속물로 자신을 주셨다.

구약시대의 동물 제사는 이것을 상징했다. 이스라엘 사람들은 죄를 임시적으로 용서받기 위해 흠 없는 양, 비둘기, 소 같은 동물을 제물로 제사장에게 가져왔다. 제사장이 그 동물의 피를 제단에 뿌렸다. 이 제사는 하나님의 유일하고 특별한 "어린 양"을 보내실 것에 대한 그림자이며, 그의 피는 사람의 죄를 임시적으로 용서해 주는 것이 아니라, 영원히 씻어주는 것이다.

이러한 구약 제사가 예수 그리스도의 십자가에서 죽으시는 "한 영원한 제사"를 통해 온전히 성취되었음을 신약성경은 말하고 있다. 히브리서 저자는 시편 40:6-8의 말씀이 메시아에 대한 예언인데 예수님이 그대로 말씀하시고 행하셨다고 말한다.

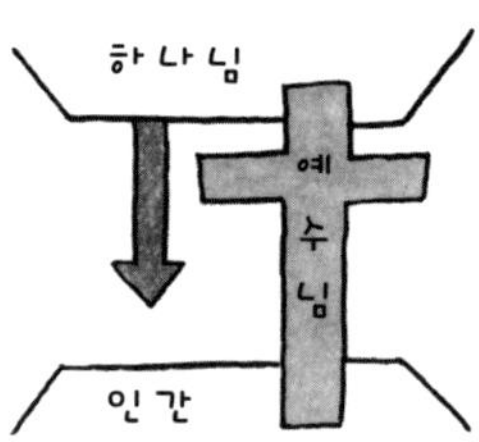

"그러므로 주께서 세상에 임하실 때에 이르시되 하나님이 제사와 예물을 원하지 아니하시고 오직 나를 위하여 한 몸을 예비하셨도다 번제와 속죄제는 기뻐하지 아니하시나니 이에 내가 말하기를 하나님이여 보시옵소서 두루마리 책에 나를 가리켜 기록된 것과 같이 하나님의 뜻을 행하러 왔나이다 하셨느니라" (히 10:5-7).

예수님은 이 세상에 오셔서 죄인들을 대신하여 죄의 형벌을 온전히 받으셨다(사 53:5; 고전 15:3-4; 벧전 2:24; 3:18; 히 2:9; 롬 5:6-21). 그가 완전한 사람이셨고 하나님이셨기에 세상의 모든 죄를 위해 죽으실 수 있었다.

인간의 타락의 악순환과 이에 대한 혹독한 심판 가운데서도 하나님은 사랑과 긍휼로 우리에게 회복의 길을 열어 주셨다.

인간의 타락과 회복을 위한 하나님의 계획이 구약성경에 기록되어 있다. 끊임없는 타락과 구원의 역사가 분리할 수 없게 엮여 있는 구속의 이야기는 하나님의 놀라운 사랑과 은혜를 명백하게 보여 준다. 뱀에 대한 심판, 아벨의 제사, 아브라함의 믿음과 순종, 모세의 지도력, 히브리 민족의 탄생, 예언자들의 목소리에서 우리는 인류를 향해 부르시는 하나님의 사랑을 분명하게 볼 수 있다.

구약성경 전체를 통하여 하나님의 성품이 죄의 비극적인 결과와 대조되어 있다. 그분은 우리의 창조주, 주관자, 심판자, 구속자이다. 그렇기 때문에 우리는 담대할 수 있다. 이 세상이 아무리 어두워진다 해도 우리가 하나님을 신뢰하고 순종한다면 하나님은 계획을 갖고 계시고 우리를 그 계획 속에 포함시키신다.

구약성경을 많이 공부하면 할수록 하나님의 놀라운 계획을 더 잘 이해할 것이다. 구약성경에 관한 다양한 책들을 많이 활용해서 구약성경의 사건들과 진리들을 더 깊이 연구하기를 권한다.

이 단계를 공부하는데 도움을 주기 위해 구약성경을 간단히 요약했다. 1과에서 이것을 함께 공부해보자.

제1과

구약성경을 한 눈에

구약성경 39권은 모세오경 5권, 역사서 12권, 시가서 5권, 선지서 17권으로 구성되어 있다. 모세오경은 세상의 기원과 이스라엘 국가의 시작을 기록하고 역사서들은 히브리 민족의 흥망성쇠를 기록하고 있다. 시가서는 대부분 그 민족의 번성기의 문학작품들이고, 선지서들은 그 민족의 어두운 시대의 문학작품들이다. 아래의 표를 살펴보자.

모세오경(5권)	역사서(12권)	시가서(5권)	선지서(17권)
창세기 출애굽기 레위기 민수기 신명기	여호수아, 사사기, 룻기, 사무엘상하, 열왕기상하, 역대상하, 에스라, 느헤미야, 에스더	욥기, 시편, 잠언, 전도서, 아가서	대선지서(5권): 이사야, 예레미아, 예레미아애가, 에스겔, 다니엘 소선지서(12권): 호세아, 요엘, 아모스, 오바댜, 요나, 미가, 나훔, 하박국, 스바냐, 학개, 스가랴, 말라기
세상의 기원과 이스라엘 국가 의 시작	히브리 민족의 흥망성쇠	민족의 번성기 문학작품들	민족의 암흑기의 문학작품들
구약을 모두 합하면 39권!			

1 모세오경

모세가 쓴 구약의 첫 다섯 권의 책을 모세 오경이라고 부르는데, “율법서”라고도 한다. 세상의 기원과 이스라엘 역사의 시작을 기록하고 있다. 창세기, 출애굽기, 레위기, 민수기, 신명기가 여기에 속한다.

창세기 – 시작–아브라함–구세주의 계획

창세기는 “시작의 책”이다. 세상의 창조와 사람의 기원을 설명할 뿐 아니라 죄의 시작과 결과 그리고 회복을 위한 하나님의 계획을 밝힌다.

또한 창세기는 하나님이 히브리 민족을 모든 민족의 축복의 통로로 만들기 위해 아브라함을 선택하신 것을 기록하고 있다. 여기에서 구속을 위한 하나님의 계획을 볼 수 있다. 구원은 믿음으로 받게 되며 세상의 구세주는 그의 택한 백성을 통해서 오실 것이다.

출애굽기 – 나감–율법–성막

출애굽기는 “나감”을 의미하는데, 하나님의 택한 백성들이 400년 동안 이집트에 속박되었다가 모세를 통해 기적적으로 구원 받은 것을 기록한 책이다. 노예 생활에서 해방되게 했던 열 번의 기적들, 영적 도덕적 생활을 위한 율법의 수여, 하나님의 영원한 임재를 위해 성막을 짓는 것을 자세히 기록하고 있다.

레위기 - 제사장법-거룩한 성결법

레위기는 히브리 민족의 예배를 인도하는 레위 제사장들이 집행했던 법의 체계를 기록한 책으로 이스라엘이 하나님과의 관계에서 실행해야 하는 규정들을 다룬다. 제사와 제사장의 성별, 정결 의식, 거룩함, 서원과 십일조에 대한 법률을 기록하고 있는 레위기는 성경의 어떤 책보다 '거룩함'이 가장 많이 언급된다.

민수기 - 인구조사-광야

민수기는 히브리 백성들의 수를 파악하는 내용으로, 장정만 60만명 정도 되었다. 그들은 야곱의 아들들에 따라 12지파로 나뉘었으며 광야에서의 생활과 여정을 위해 특별한 임무들을 수행했다.

민수기는 하나님이 이방인들을 내어 쫓으시고 "약속의 땅"에 들어가게 하실 것을 이스라엘 백성이 의심했기 때문에 40년 동안 광야에서 방황하게 되었던 이야기를 기록하고 있다.

신명기 - 새 세대에게 주는 권면-고별설교-복을 택하라

광야에서 방황하는 40년 동안에 출애굽 세대들은 거의 다 죽고 새로운 세대들이 백성을 이루었다. 출애굽 세대의 단 두 사람, 여호수아와 갈렙 그리고 새 세대들만 하나님께서 주시기로 약속하신 땅에 들어갈 수 있었다.

신약성경에 자주 인용되는 책들 중의 하나인 신명기는 이 새로운 세대들에게 하나님이 광야에서 행하셨던 일을 상기시키고 그분의 약속의 말씀을 다시 한 번 반복하여 전달하면서 하나님께 헌신할 것을 권하는 모세의 고별 설교이다.

하나님께 순종하면 복을 누릴 것이고 불순종하면 심한 재앙으로 고통을 당하게 될 것이라고 모세는 이스라엘 백성에게 말했다. 백성들은 순종하여 복을 누리든지 아니면 불순종하여 심한 재앙으로 고통을 당하든지 선택을 해야 했다.

2 역사서

이스라엘 나라의 흥망성쇠에 대해 말한다. 역사서는 여호수아서, 사사기, 룻기, 사무엘상하, 열왕기상하, 역대상하, 에스라, 느헤미야와 에스더가 포함된다.

여호수아 – 정복–정착

'여호수아'는 "여호와는 구원이시다"라는 의미이다. 이 책은 요단강을 건넘, 여리고성 함락, 그리고 하나님께서 약속하신 가나안 땅의 정복을 다루고 있다. 또한 가나안 땅에 12지파들이 어떻게 정착했는지를 설명한다. 하나님은 다른 신들을 예배하는 것을 용납하지 않으시는 거룩하고 질투하시는 하나님이시다.

사사기 – 우상숭배–실패

사사기는 "모든 사람이 자기 소견에 옳은 대로 행하더라."라는 주제에 초점을 맞춘다. 이스라엘에는 왕도 정치제도도 없었다. 이는 하나님이 왕이시기 때문이다. 그러나 백성들은 그 땅에서 하나님을 섬기며 사는 일에 실패했다. 그들 대부분은 이방인들의 우상을 섬기기 시작했고 결국 이방인들의 압제를 받게 되었다.

사사기에서는 죄에 대한 하나님의 심판이 확실할 뿐 아니라 회개하는 자들을 회복시키시는 것도 확실함을 보게 된다.

룻기 – 충성–인애

책의 주인공의 이름을 딴 룻기는 한 여인의 사랑과 신실함에 대한 이야기이다. 이 책의 목적은 다음의 세 가지이다. 1) 배교의 시대(국가적인 불신과 불순종)에도 하나님을 섬기는 사람들이 있었다는 것을 보여 준다. 2) 메시아 혈통이 세워짐을 보여 준다. 3) 구속의 원리를 예시한다.

룻기는 하나님께 충성스러우며 다른 사람들에게 자비로운 사람들을 하나님이 어떻게 인도하시며 도우시는지를 보여 준다. 룻기의 주제는 신실함, 인애, 친절, 순전함, 보호와 축복이다.

사무엘상 – 사무엘-사울-다윗

마지막 사사인 사무엘의 역사를 보여 준다. 또한 첫 번째 왕인 사울의 왕국 설립, 사울의 실패, 그리고 왕으로서 다윗을 선택하고 준비하심을 기록하고 있다.

사무엘하 – 다윗의 언약

하나님이 세우신 왕, 다윗이 등극함으로 질서가 회복되는 것을 보여 준다. 하나님은 다윗과 메시아의 영원한 나라를 세울 것이라는 언약을 다윗과 맺으셨다. 이 책은 하나님의 마음에 합한 사람인 다윗의 특성들을 묘사함과 동시에 숨겨진 결점을 드러내며 죄의 결과를 보여 준다.

열왕기상 – 솔로몬-분열왕국

솔로몬의 통치, 성전 건축, 르호보암과 여로보암 때의 이스라엘 왕국의 분열을 소개한다. 르호보암은 예루살렘에서 남 유다 왕국을, 여로보암은 사마리아에서 북 이스라엘 왕국을 통치했다.

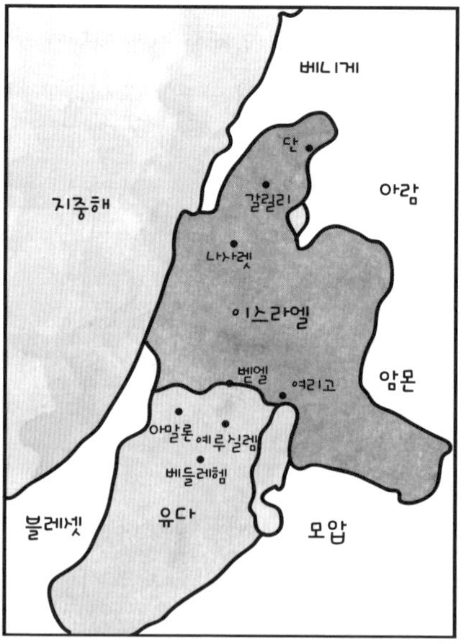

열왕기하 – 왕국의 멸망

두 왕국의 이야기와 마지막에 포로로 잡혀간 것에 대해 이야기하고 있다. 북 이스라엘이 먼저 앗시리아에게 정복되어 포로로 잡혀갔고, 그 후에 남 유다는 바벨론에게 정복되어 포로로 잡혀갔다.

이 책은 하나님이 참으시지만 때로는 기한이 있고 순종하지 않는 모든 사람들에게 어떤 일이 일어나는지 보여 준다.

역대상 – 참된 예배

다윗 왕조의 정통성을 밝히고 참된 예배가 개인의 삶과 국가의 중심에 있어야 한다는 것을 가르치고 있다.

역대하 – 성전건축–참된 예배

솔로몬, 르호보암, 여로보암 그리고 그 뒤를 잇는 유다 왕들의 통치를 되돌아보고 있다. 악한 왕들의 죄악들을 드러내고 이 왕들을 심판하는 하나님의 기준을 보여 준다. 또한 이 책은 여호와에 대한 진정한 예배를 중심으로 그 나라가 하나로 연합되는 것을 추구하고 있다. 그리고 예루살렘 성전 건축에 대한 상세한 기록을 포함하고 있다.

에스라 – 귀환–성전 재건

포로 귀환 후 유대인의 남은 자들의 예루살렘 귀환, 율법과 종교 의식의 회복 그리고 성전 재건축에 대한 이야기이다.

이 책은 이스라엘 백성들을 회복시키겠다는 약속을 지키시는 하나님의 신실함을 보여 주고 있다. 또한 이것은 믿음의 시련을 받고 회복되는 극적인 이야기이다.

느헤미야 – 성벽 재건

느헤미야는 포로들을 인도하여 예루살렘 성벽을 재건하고 도시의 행정을 회복한다. 이 책은 예루살렘 성벽의 재건축에 대한 스가랴와 다니엘의 예언 성취를 기록하고 있다.

에스더 – 유대인의 구원

에스더는 페르시아의 왕비가 되었던 유대 여인이다. 포로 귀환 명령 후에 남은 자들이 예루살렘으로 돌아왔지만 많은 백성들은 여전히 페르시아에 남아있었다. 이 책은 하나님의 섭리를 통해 왕비가 된 에스더가 페르시아 통치 아래 있었던 유대 민족을 대학살의 위험으로부터 어떻게 지켰는지에 대한 이야기이다. 에스더의 이야기는 하나님의 주권과 자기 백성들을 돌보시는 사랑을 보여 준다.

3 시가서

시가서는 세상 속에서의 하나님 백성들의 다양한 삶의 경험을 자세히 말해 준다. 욥기, 시편, 잠언, 전도서, 아가서 다섯 권의 책이 포함된다.

욥기 – 의인의 고난

극적인 시의 형태로 기록된 문학적 걸작으로 꼽힌다. 구약에서 가장 오래된 책인 욥기는 '왜 의인이 고난을 받는가?'라는 질문을 던진다. 이 책은 하나님의 절대주권과 참된 믿음의 의미를 예시하며, 고난과 사탄의 공격 가운데서도 하나님의 선하심과 신실하심을 믿을 수 있음을 보여 준다.

시편 – 경배와 찬양

시편은 하나님께 대한 경배와 믿음의 고백을 표현한다. 시편의 중요한 주제들은 찬양, 하나님의 능력, 용서, 감사, 신뢰, 메시아, 여호와, 율법, 창조, 이스라엘의 미래 그리고 고난과 역경 가운데 마음을 새롭게 하심이다. 히브리 찬송가인 시편은 개인 예배와 공적 예배에서 사용되었다.

잠언 - 지혜

삶에 대한 지혜로운 교훈들을 모아 놓은 잠언은 참된 지혜와 하나님을 경외함을 특별히 강조하고 있으며 지혜, 인간관계, 언어생활, 일과 성공 등의 주제에 대해 다루고 있다. 잠언은 하나님의 백성들에게 도덕적 교훈을 주며 하나님의 지혜를 일상생활 가운데 적용하도록 가르친다.

전도서 - 인간 삶의 허무함

전도서는 인간의 삶, 특히 하나님 없는 삶의 허무함에 대해 논증한 책이다. 자신의 인생을 뒤돌아보며 하나님과의 관계보다 오로지 자기만족을 추구하며 살았던 삶의 허무함에 대해 고백한다. 나아가 그는 하나님을 떠난 인간적 성취가 죽음 앞에서는 아무것도 아니라는 것을 분명하게 드러내고 있다.

아가서 - 사랑

신랑과 신부의 사랑 이야기는 결혼의 신성함을 확인시켜 주고, 자기 백성들을 향한 하나님의 사랑을 상징한다. 이 책은 사랑과 헌신의 아름다움과 능력을 묘사하고 있다.

4 선지서

선지자들은 배교의 시대에 하나님께서 세우신 사람들이다. 그들은 주로 하나님을 대신해서 백성들의 양심과 마음에 호소하는 영적 각성자들이며 애국자들이었다.

선지자들의 메시지는 두 가지 성격을 가진다. 하나는 당시의 상황과 선지자 자신의 시대를 위한 것이었으며, 다른 하나는 미래를 향한 하나님의 목적을 예언하는 것이었다.

선지서는 책의 분량에 따라 대선지서와 소선지서로 나누어진다. 대선지서는 이사야, 예레미야, 예레미야 애가, 에스겔과 다니엘을 포함하고, 소선지서는 호세아, 요엘, 아모스, 오바댜, 요나, 미가, 나훔, 하박국, 스바냐, 학개, 스가랴, 말라기의 열두 권을 포함한다.

이사야 – 심판–구원

이사야는 "구약 선지자의 왕"으로 여겨진다. 그는 이스라엘 백성이 세계 속에서 메시아 왕국이 되어야 한다는 생각에 사로잡혀 있었다. 그는 하나님께서 남 유다와 열방의 죄악에 대해서 반드시 심판하시지만 또한 하나님 말씀에 순종하는 경건한 '남은 자'들을 구원하실 것임을 예언하면서 회개하라고 외쳤다. 나아가 메시아를 통한 영원한 구원과 완성된 하나님 나라의 영광을 보여준다. 주제는 거룩함, 징벌, 구원, 희망 그리고 자기 백성을 구하러 오신 메시아이다.

예레미야 – 멸망–회개

예레미야의 사역은 유다 왕국의 마지막 40년, 즉 예루살렘의 멸망과 예루살렘 주민들이 바벨론으로 추방당하는 것까지 확장된다. 이 책은 바벨론 포로로 잡혀가는 결과를 피하기 위해서 유다 백성에게 우상숭배와 배교를 버리라고 준엄하게 경고하는 메시지를 담고 있다. 그리고 하나님의 백성들을 새로운 미래와 새로운 언약으로 인도하게 될 메시아의 오심을 예언했다.

예레미야 애가 – 애도

예레미야가 기록했고, 바벨론 포로로 잡혀가던 때에 예루살렘의 멸망을 슬퍼하는 다섯 개의 시로 구성되어 있다. 이 책은 죄의 결과, 심판 중에 보이시는 하나님의 자비를 말하며 보다 나은 날들에 대한 소망을 보여 준다.

에스겔 – 회복

에스겔은 바벨론 포로 기간에 예언했다. 그의 사명은 그의 백성을 바벨론 포로로 잡혀가도록 허용하신 하나님은 의로우시며 결국에는 그 백성을 회복시키리라는 것을 이스라엘 사람들에게 상기시키는 것이었다.

다니엘 – 종말의 예언

다니엘은 바벨론 포로 기간에 예언했다. 이 책은 신약의 예언과 뗄 수 없는 관계를 갖는다. 이 책은 세상 나라의 통치가 마지막에 멸망을 당하고, 메시아 왕국이 설립되는 과정을 그리고 있다. 주제는 교회의 배도, 대 환란, 그리스도의 재림, 부활과 심판이다.

호세아 - 변함없는 사랑

호세아는 남 왕국 유다에서 이사야가 예언하고 있던 시대에 북 왕국 이스라엘의 선지자로 사역했다. 이 책은 이스라엘을 향한 하나님의 변함없는 사랑에 대한 예언이다. 그는 이스라엘을 음탕한 여인으로 묘사하며 잠시 버림받게 되지만, 결국 정결한 모습으로 회복될 것을 예언한다.

요엘 - 심판의 날

남 왕국의 선지자 요엘은 다가오는 심판을 바라보며 회개할 것을 경고했다. 또한 그는 다가오는 구원과 하나님 나라의 원수들의 멸망을 포함한 하나님의 약속들을 믿도록 백성들 중 신실한 자들을 격려했다.

아모스 - 도덕적 타락

양치는 목자이며 뽕나무 재배자였던 아모스는 북 왕국 이스라엘의 전성기 때에 예언했다. 그는 그 시대 강력한 예언자 중의 한 사람으로, 이스라엘의 사치스런 생활과 우상숭배 그리고 도덕적 타락에 대해 불같이 고발하고 있다. 특히 이스라엘의 탐욕과 가난한 자를 압제하고 착취한 것에 대해 심판을 선언했다.

오바댜 - 에돔의 멸망

이 책은 유다인들이 어려움을 당할 때 기뻐할 뿐 아니라 유다의 시골지역을 약탈하면서 그들을 끊임없이 괴롭혔던 에돔 사람들을 고발한다. 에돔 사람들은 하나님의 심판을 피하지 못하게 될 것이다. 저주의 애가 형식으로 기록된 이 책은 하나님의 자녀를 해치는 자들을 하나님께서 보응하심을 보여 준다.

요나 – 불순종한 선지자–하나님의 긍휼

하나님은 요나를 불러서 앗시리아 제국의 수도 니느웨에 가서 선포하라고 하셨다. 이 책은 하나님의 택한 백성을 넘어서 모든 사람들이 하나님의 은혜를 받게 될 것을 가르쳐 준다.

예수님은 그의 죽음과 부활에 대한 예표로 요나의 경험을 언급하셨다(마 12:38–41). 이 책은 죄를 회개하고 하나님께로 돌아오는 사람들에게 미치는 하나님의 사랑과 긍휼의 큰 그림을 제공한다.

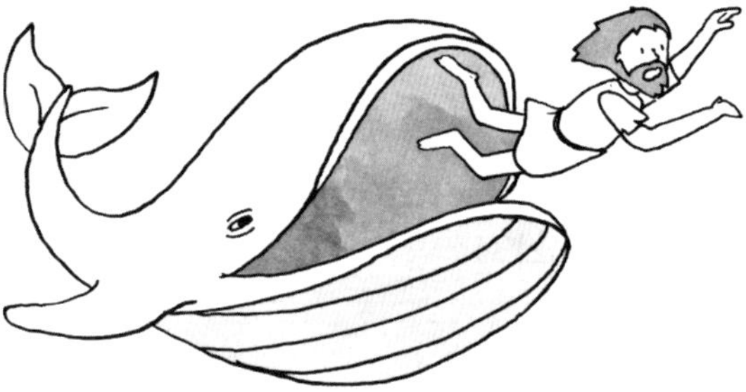

미가 – 공의

미가서는 이스라엘과 유다 모두에게 전하는 메시지로, 그들의 죄를 강조하고 멸망을 경고하였으며 회개하는 모든 자들을 용서해주신다는 것을 전했다. 메시아의 오심을 예언했다.

나훔 – 니느웨의 심판

니느웨에 대한 심판의 메시지에서 나훔은 그 도시의 멸망을 예언했다. 요나의 메시지가 긍휼이었다면 나훔의 메시지는 파멸이다. 요나와 나훔 선지자는 모두 하나님이 열방들에게 은혜를 베푸시지만 계속되는 죄에 대해서는 심판하신다는 것을 보여 준다.

하박국 – 멸망–찬양

하박국은 이스라엘이 심판을 피하는 것보다 여호와의 거룩하심이 입증되는 것에 더 많은 관심을 보인다. 하박국은 바벨론 포로 바로 전에 기록되었다. 그의 목적은 세상에 악이 현존하고 있다 해도 하나님께서 여전히 다스리고 계신다는 것을 보여 주는 것이다.

스바냐 – 여호와의 날

스바냐는 바벨론 포로 직전에 예언했다. 유다가 여호와를 버렸고 의로운 삶을 살라는 하나님의 명령에 무관심했기 때문에 심판의 날이 가까이 왔다. 스바냐는 이스라엘이 포로로 잡혀갈 것과 결국 민족들이 심판받게 될 것을 예언했다. 또한 그는 하나님께서 자기 백성을 정결하게 하시며 회복시키고 소망을 주실 것을 예언했다.

학개 – 성전 건축

학개는 70년의 포로 생활 후 예루살렘으로 돌아온 유대인의 남은 자들에게 예언했다. 하나님께서 백성들에게 성전 건축을 마무리할 것을 말씀하셨지만 그들은 자신의 집을 짓는 것에 더 관심을 가졌다. 15년 후에도 성전은 방치되어 있었다. 학개는 백성들에게 우선순위를 바르게 하고 성전 건축을 마무리 하라고 독려했다. 사람들이 마무리 공사를 하고 있을 때 학개는 하나님의 임재와 최후 승리를 그들에게 확신시켜 주었다.

스가랴 – 메시아적 예언

스가랴 선지자도 70년의 포로 생활 후 예루살렘으로 돌아온 남은 자들에게 예언했다. 그의 책은 모든 소선지서들 중에 가장 묵시적이고 메시아적이다. 그의 많은 메시지가 메시아의 초림과 재림을 다루고 있다.

말라기 – 무너진 공동체-하나님과의 관계 회복

말라기는 회복된 남은 자들에게 보내심을 받은 마지막 선지자였다. 그도 메시아의 초림과 재림을 예언했다. 학개와 스가랴가 백성들이 성전 재건을 하지 않는 것을 책망한 반면, 말라기는 그들이 성전을 무시하는 것과 거짓되고 모욕적인 예배를 드리는 것에 대해 책망했다. 그는 제사장들과 백성들의 죄를 정죄했지만 그들이 하나님을 무시하고 불순종할 때에라도 하나님께서 끝없이 사랑하신다는 것을 확신시켜 주었다.

제2과

역사의 시작

학 습 목 표 : 창세기가 오늘날 우리에게 어떤 의미를 갖는지 살펴보고자 한다.

창세기는 인류의 기원과 타락과 구원을 위한 하나님의 해결책에 대해 생생하게 묘사한다. 성경은 하나님의 영감으로 기록된 말씀이므로 우리는 창세기의 모든 것을 다 정확한 것으로 믿을 수 있다.

사람은 하나님과 교제를 갖도록 창조되었지만, 그가 자기 의지로 자신이 원하는 길을 선택함으로 그 교제는 깨어지고 말았다. 이것이 성경이 말하는 죄이다.

아담의 타락으로 모든 인류는 죄성을 물려받게 되었다. 사도 바울은 "한 사람으로 말미암아 죄가 세상에 들어오고 죄로 말미암아 사망이 왔나니 이와 같이 모든 사람이 죄를 지었으므로 사망이 모든 사람에게 이르렀느니라."고 기록하고 있다(롬 5:12).

아담의 타락은 그 후에 태어나는 모든 사람들의 무대인 인류 역사에서 일어난 첫 범죄행위였다. 죄가 없었더라면 구속과 구속의 길을 알려 주는 성경도 필요하지 않았을 것이다. 이 과는 사람의 기원, 그리고 죄의 기원과 타락의 결과에 초점을 맞춘다.

창세기를 공부할 때 최초의 역사적인 사건들을 오늘날의 세계의 상황과 그것이 현재 당신에게 끼치는 영향과 관련시켜 보라.

1 인류의 기원

1) 이 세상이 어떻게 시작되었는가? (창세기 1장)

하나님이 말씀으로 창조하심으로 시작되었다.

구약 39권 중 창세기가 가장 중요한 책일 것이다. 이 책은 모든 시대를 초월해서 가장 중요한 사실 곧 만물이 어떻게 존재하게 되었는지에 대한 신비를 풀어준다. 이 책은 세상과 남자, 여자, 죄, 결혼, 국가 등의 기원을 말해 준다. 창세기가 오늘날 우리에게 주는 중요한 의의는 무엇인가? 창세기는 하나님께서 우리를 위해 행하신 중요한 구속의 역사를 가르쳐준다.

2) 창조 후 세상과 그 안에 있는 모든 것들의 상태는 어떠했는가? (창 1:10, 12, 18, 21, 25)

하나님이 보시기에 좋았다.

'태초에 하나님이 천지를 창조하시니라.'로 시작되는 창세기 첫 구절의 주인공은 창조주 하나님이시다. 어느 학자가 지적한 바와 같이 창세기는 창조에 대한 가르침보다는 창조주(Creator)에 대한 가르침이다. 창세기 1-3장을 통해 인간이 창조의 극치임을 알게 된다. 성경 전체의 주제는 하나님과 인간이다.

3) 첫 사람은 세상에 어떻게 존재하게 되었는가? (창 1:27)

하나님이 하나님의 형상대로 창조하셔서 존재하게 되었다.

4) 첫 사람은 지성적인 존재였는가? 그것을 어떻게 알 수 있는가? (창 2:20)

사람은 모든 육축과 새와 들짐승에게 이름을 지어줄 수 있는 지성적인 존재였다. 이름을 지어준다는 것은 그 대상의 존재의 특질을 안다는 것을 의미한다. 각 존재의 특질을 알 때만이 그 대상에게 합당한 이름을 지을 수 있다.

5) 여자는 처음에 어떻게 존재하게 되었는가? (창 2:21-22)

하나님이 아담에게서 갈빗대 하나를 취하여 그것으로 여자를 만드셨다.

창세기 1:26은 하나님이 인간을 하나님의 형상대로 만드셨다고 말한다. 하나님의 형상이란 무엇인가?

하나님의 형상은 인간이 다른 피조물과 구별되는 독특성에서 찾아볼 수 있다(창 9:6; 고전 11:7; 약 3:9). 인간이 다른 피조물과 다른 점은 선천적인 도덕성, 이성, 영성, 영원을 추구함, 다른 피조물을 지배하는 능력 등을 가진 것이다.

(창세기 2:7에서 하나님은 인간의 코에 생기를 불어 넣어 인간이 영적 존재가 되게 하셨다.)

하나님이 인간을 하나님의 형상으로 창조하실 때 인간은 원래 선함, 진정한 지식, 의와 거룩함(창 1:31; 전 7:29) 등을 가지고 있었다. 그런데 인간이 이 모든 것들을 죄 때문에 잃어버렸지만, 그리스도 안에서 점차 성화되어 가면서 다시 원래의 모습으로 회복되어간다. [예: 참 지식(골 3:10)과 의와 거룩함(엡 4:24) 등]

미래에 구속 받은 자들은 온전한 몸을 갖게 될 것이다(빌 3:21; 요일 3:2). 죽지 않고 영원함은 영혼에 해당한다. 육체의 죽음은 죄로 인하여 왔다(롬 5:12; 6:23; 고전 15:20-21). 그리스도인들은 그리스도의 형상을 따라 썩지 않을 몸을 입을 날을 고대한다.

2 죄의 기원

1) 하나님께서 인간에게 맡기신 일은 무엇인가? (창 1:28-30)

생육하고 번성하여 땅에 충만하고 땅을 정복하며 바다의 고기, 공중의 새, 땅에 움직이는 모든 생물을 다스리는 일을 맡기셨다.

이때에 하나님과 사람과의 관계는 어떠했는가? (창 1:28상)

죄를 짓지 않아 하나님의 축복을 받고 하나님과의 대화에 장애가 없는 관계였다.

2) 사탄이 하와를 만나기 위해 뱀의 형태로 나타났을 때 그의 인격적 특성을 어떻게 묘사할 수 있는가? (창 3:1–5)

그는 간교하고 교활하며 하나님의 말씀을 거짓말이라고 하는 속이는 자이다.

사탄이 당신에게 다가올 때 이와 같은 특성을 어떻게 사용한다고 생각하는가?

교묘하게 하나님의 말씀을 믿지 못하게 한다.

3) 사탄은 무엇에 대해 의문을 제기했는가? (창 3:1)

하나님이 하신 말씀에 대해 의문을 제기했다.

하와는 진리에 맞게 대답했는가? (참고, 창 3:2–3; 2:17)

하와는 먹지 말라고 하신 말씀을 먹지도 말고 만지지도 말라고 왜곡하고 덧붙여서 말했고 반드시 죽으리라 하신 말씀을 죽을까 하노라 하는 말로 약화시켰다.

4) 하와가 받은 유혹을 요한일서 2:16에 비추어서 분석하고 유혹의 세 가지 요소를 적어 보라. (창 3:6)

요한일서 2:16 이는 세상에 있는 모든 것이 육신의 정욕과 안목의 정욕과 이생의 자랑이니 다 아버지께로부터 온 것이 아니요 세상으로부터 온 것이라

창세기 3:6 여자가 그 나무를 본즉 먹음직도 하고 보암직도 하고 지혜롭게 할 만큼 탐스럽기도 한 나무인지라 여자가 그 열매를 따먹고 자기와 함께 있는 남편에게도 주매 그도 먹은지라

(1) "먹음직도 하고": 육신의 정욕

(2) "보암직도 하고": 안목의 정욕

(3) "지혜롭게 할 만큼 탐스럽기도 하다": 이생의 자랑

5) 아담과 하와가 선악과를 따먹은 것은 왜 잘못인가? (창 2:16-17)

하나님께서 먹지 말라고 명령한 것에 불순종했기 때문이다.

3 죄의 결과

1) 아담과 하와가 죄를 지은 결과는 어떠했는가? (창 3:7-8)

그들은 눈이 밝아져 자신들이 벌거벗었다는 것을 알고, 자신들을 가리려고 노력하였다. 하나님이 '보시기에 좋았다'고 한 것을 그들은 죄 때문에 수치스럽게 여겼다. 하나님의 시각이 아닌 죄를 지은 인간의 시각으로 사물을 바라보기 시작했다. 그리고 하나님을 피하여 숨었다. 하나님과 그들과의 관계가 끊어졌다. 심판자와 죄인의 관계처럼 되었다.

2) 각자에게 주어진 죄의 형벌은 무엇인가? (창 3:14-19)

뱀 : 모든 짐승보다 저주를 받아 배로 다니고 흙을 먹으며, 여자와 여자의 후손과 원수가 될 것이다. 그리고 여자의 후손이 그 머리를 상하게 할 것이다.

여자 : 잉태하는 고통을 크게 더하여 큰 고통 속에서 자녀를 낳을 것이며, 남편을 사모하고 남편의 지배를 받게 될 것이다.

남자 : 땅이 저주를 받아 가시덤불과 엉겅퀴를 내므로 그는 종신토록 수고해야 땅의 곡식을 먹을 수 있다.

3) 사탄에 대해서는 하나님이 어떤 약속을 하셨는가? (창 3:15)

여자의 후손, 즉 그리스도가 그의 머리를 상하게 할 것이다.

4) "여인의 후손"은 그리스도께서 인간의 아버지 없이 한 처녀에게서 성령으로 잉태되어 이 세상에 오게 된 것을 성경이 설명하는 방법이다. (마 1:18-23을 비교해 보라.) 이에 비추어 그리스도의 초림과 재림 그리고 이 구절의 상관관계를 살펴보라.

그리스도의 초림 : 그리스도의 초림에는 사탄이 그리스도를 십자가에 못 박음으로 그의 발꿈치를 상하게 하지만, 예수님은 부활하심으로 완전히 패배하지는 않으셨다. 즉 예수님이 사망을 이기신 것이다.

그리스도의 재림 : 그리스도의 재림에는 그리스도가 사탄을 완전히 패배시켜서 그를 영원히 불 못에 던져 넣을 것이다.

사람은 본래 하나님과 교제하며 살도록 창조되었다. 우리는 그 교제가 어떻게 끊어졌는지, 죄가 어떻게 세상에 들어오게 되었는지 그 경위와 죄의 실상을 알게 되었으며, 또 어떻게 교제를 다시 회복할 수 있는지도 알게 되었다. 인간은 그리스도 안에서만 죄에 대한 해결책을 얻을 수 있다.

우리는 창세기를 통해 창세 이후 인간 역사에 영향을 주어 온 중대하고도 영적인 사건들을 살펴보았다. 하나님은 창조주이며 전지전능하신 만물의 통치자이다. 인간은 단지 원형질에 불과한 존재가 아니라 하나님의 특별한 피조물이다. 이런 사실은 창조주 하나님에 대한 우리의 책임을 인식시켜 준다. 창조주 하나님을 부인하는 사람은 허무하며 목적 없는 삶을 살 수밖에 없다.

[보충자료] 창세기 1장-3장의 교리들

1:1-31	하나님의 천지 창조	2:16-17	자유의지
2:18-25	부부의 하나 됨(결혼)	3:1	사탄(계 12:9; 20:2)
3:6-7	죄	3:8, 10, 12-13	죄성(롬 5:12)
3:15	사탄이 하나님의 백성을 핍박함, 그리스도를 통한 구원, 동정녀 탄생		
3:16-19	죽음과 고난과 고통		

[보충자료] 창세기 개요

1. 태초의 역사(1-11:9)
   1) 창조의 송가 1:1-2:3
   2) 하늘과 땅에 대한 기사 2:4-4:26
   3) 아담의 계보 5:1-6:8
   4) 노아의 계보 6:9-9:28
   5) 노아의 자손들의 계보 10:1-11:9

2. 하나님의 백성의 역사(11:10-50:26)
   1) 셈의 계보 11:10-26
   2) 데라의 계보(아브라함) 11:27-25:11
   3) 이스마엘의 계보 25:12-18
   4) 이삭의 계보 25:19-35:29
   5) 에서의 계보 36:1-43
   6) 야곱의 계보 37:2-50:26

결혼의 신성함

결혼의 신성함이 창세기 2장 18절, 21-25절에 잘 나와 있다. 다음의 글이 여자가 남자의 '돕는 배필'이 됨에 대해 잘 설명해 준다. "하나님께서 여자를 남자의 발에서 취하지 않은 이유는, 여자가 남자에게 짓밟히거나 노예처럼 취급되지 않아야 하기 때문이며, 머리에서 취하지 않은 이유는 여자가 남자 위에 군림하지 못하도록 하기 위함이다. 옆구리에서 취한 이유는 여자가 남자의 동료임을 보여 준다. 옆구리 즉, 팔 아래쪽에서 취한 것은 여자가 남자의 보호를 받아야 하는 존재임을 가르쳐주며, 심장 가까이에서 취한 이유는 여자가 남자의 사랑과 애정을 받아야 하는 존재임을 나타낸다."-존슨(S. L. Johnson), Bibliotheca Sacra. V. 121. 4월-6월 (1964), p.110.

사탄이 하는 일

사탄에 대해서는 휘튼대학원장을 지냈던 티슨(H. C. Thiessen)박사가 간결하게 말해 준다. "사탄을 가리키는 표현들은 사탄의 특성과 하는 일들을 잘 말해 준다. 즉 사탄은 훼방하는 자로서 중상하고 비난하며, 유혹하는 자로서 사람이 죄를 짓도록 유혹한다."

성경은 사탄이 하는 일의 특징을 말해 준다. 일반적으로 사탄의 목적은 이사야 14:14에 표현되어 있는 것과 같다. "… 지극히 높은 이와 같아지리라." 사탄은 하나님처럼 높아지려는 자신의 목적을 성취하기 위해 아기 예수를 찾아 죽이려 했으며(마 2:16; 계 12:4), 그 노력이 실패로 돌아가자 자신을 섬기라고 예수를 시험하였다(눅 4:6-7).

사탄은 그의 목적을 이루기 위해 여러 가지 방법을 사용한다. 그는 하나님을 직접 대적할 수 없기 때문에 하나님이 지으신 최고의 피조물인 인간을 공격한다. 성경은 사탄이 다음과 같은 방법을 사용한다고 말한다.

(1) 거짓말	요 8:44; 고후 11:3
(2) 유혹	마 4:1
(3) 빼앗음	마 13:19
(4) 괴롭힘	고후 12:7; 욥 1장, 2장
(5) 방해함	슥 3:1; 살전 2:18; 엡 6:12
(6) 키로 밀 까불듯 함	눅 22:31 (사탄이 밀 까부르듯 제멋대로 다룸)
(7) 가장함	고후 11:14-15; 마 13:25
(8) 질병으로 괴롭힘	눅 13:16(참고, 고전 5:5)
(9) 참소함	계 12:9-10
(10) 사로잡음	요 13:27
(11) 죽이고 삼킴	요 8:44; 벧전 5:8

성도들은 사탄의 간사한 꾀를 잘 알아 넘어지지 말아야 한다(고후 2:11). 정신을 차리고 깨어 사탄을 대적해야 한다(벧전 5:8; 엡 4:27; 약 4:7). 사탄을 가볍게 여기지 말고(벧후 2:10; 유 1:8-9), 하나님의 전신갑주를 입고 대적해야 한다(엡 6:13).

-티슨 (H. C. Thiessen), Lecture in Systematic Theology (Grand Rapids: Eerdmans, 1956), pp. 210-211.

하나님의 약속하신 메시아

인간이 타락하자 이 세상은 저주를 받고 하나님과 원수가 되었다(롬 8:19-25). 그러나 하나님은 창세기에서부터 인간의 구원자를 약속해 주셨다(창 3:15). 이를 위해 하나님은 한 백성을 선택하여(창 12:1-3) 하나님의 아들 그리스도(메시아)가 태어나게 하셨다.

창세기 3:15에 나오는 "여인의 후손"은 사람을 대신해서 죄의 대가를 지불하게 될 구원자로서 그리스도를 가리킨다. 다음 도표에서 그리스도에 대한 예언과 성취를 살펴보라. 이 내용들은 구약 성경에 기록된 메시아의 오심을 예언한 내용으로 예수님의 생애, 사역, 죽음과 부활을 통해 성취된 300회 이상의 구약 예언 중 일부이다.

도표에 있는 약속과 약속의 성취에 관한 모든 구절들을 찾아 읽으라.

그리스도에 대한 예언과 성취

	약 속	성 취
1. 동정녀 탄생	창 3:15; 사 7:14	마 1:18-23
2. 이스라엘 민족에게서 나심	창 12:3; 민 24:17, 19	마 1:1-17
3. 다윗의 자손 유다 지파	창 49:10; 사 11:1, 10	눅 1:31-33
4. 베들레헴에서 나심	미 5:2	눅 2:4, 6-7
5. 오실 시기	단 9:24-26	갈 4:4
6. 이집트에서 유아기를 보내심	호 11:1	마 2:14-15
7. 수난과 속죄	사 53:4-6	고후 5:21
8. 승리의 입성	슥 9:9	마 21:2, 4-5
9. 십자가에 못 박히심	시 22편	마 27장
10. 부활	시 16:9-10	행 2:31-32

적용

1. 이 과에서 당신에게 가장 의미 있는 것은 무엇인가?

2. 아담과 하와의 죄는 오늘날 우리에게 어떠한 영향을 끼쳤는가? (롬 5:12)

아담과 하와의 죄로 오늘날 우리 모든 사람이 죄 아래 있다.

3. 로마서 3:23과 6:23을 읽고 예수님의 죽음과 부활이 당신에게 무엇을 의미하는지 말해보라.

로마서 3:23 모든 사람이 죄를 범하였으매 하나님의 영광에 이르지 못하더니

로마서 6:23 죄의 삯은 사망이요 하나님의 은사는 그리스도 예수 우리 주 안에 있는 영생이니라

외울 말씀 로마서 5:12
그러므로 한 사람으로 말미암아 죄가 세상에 들어오고 죄로 말미암아 사망이 들어왔나니 이와 같이 모든 사람이 죄를 지었으므로 사망이 모든 사람에게 이르렀느니라.

읽을 말씀 창세기 1-3장

제3과

아담에서 아브라함까지

학 습 목 표 : 그리스도인 생활에서 순종의 중요성을 성경의 예를 통해 배운다.

아담의 타락은 사람과 하나님과의 관계에 영향을 끼쳤을 뿐 아니라 사람과 사람들 사이의 관계에도 불화를 가져왔다. 인간의 속성이 점점 악해지고 결국에는 형 가인이 동생 아벨을 살해하기에 이르렀다.

사람들이 하나님 없는 문명을 세워가기 시작하면서 세상에는 폭력과 죽음이 계속 되었다. 사람의 악함으로 하나님께서 인류를 만드신 것을 후회하셨다.

하나님은 홍수로 모든 피조물을 멸망시키기로 결정하셨지만, 그 중에 의인 노아와 그 가족을 선택하셔서 구원하셨다. 그러나 홍수 후에도 사람의 타고난 죄성으로 인해 인류는 다시 한 번 하나님을 배반하고 자신이 원하는 길로 가버렸다. 이번에는 사람들의 언어를 혼잡하게 하여 사람들의 교만을 처리하셨고 그들을 땅위에 흩으셨다.

그 가운데에서도 인류를 구속하기 원하시는 하나님의 마음을 아브라함, 이삭, 야곱, 요셉의 이야기에서 엿볼 수 있다. 하나님은 아브라함을 부르시고 구원의 약속을 세우셨다. 아브라함이 믿음과 사랑으로 하나님께 순종했기 때문에 하나님께서는 그를 통해 사람들에게 축복의 약속을 주실 수 있었다. 아브라함의 이야기는 약속과 관련하여 하나님께서 아브라함의 믿음을 어떻게 성장시켜 주시며 또 단련하시는지를 보여 준다.

아브라함과 이삭을 통하여 선택된 계보는 약속된 메시아 예수 그리스도까지 내려오며, 그는 축복과 구원의 약속을 성취하셨다. 창세기는 그리스도의 계보의 한 부분을 구성하고 있다. 그 계보에 포함된 사람들은 아브라함처럼 모두 믿음의 사람들이었다. 오늘날 믿음으로 예수님을 선택한 우리도 충성스러운 아브라함과 함께 그리스도의 계보의 한 부분이 된다(롬 4:16).

1 가인과 아벨

1) 창세기 4장에는 두 종류의 제사가 등장한다. 각각의 제사를 평가하라. 왜 하나님께서 어떤 한 제사는 받으시고 다른 제사는 받지 않으셨는가? (창 4:1-7)

가인은 땅의 소산으로 제물을 드렸고 아벨은 양의 첫 새끼와 그 기름으로 드렸는데, 여호와께서 아벨과 그의 제물은 받으셨으나 가인과 그의 제물은 받지 않으셨다.

제사를 드리는 목적은 하나님 앞에 나아가기 위해 죄의 심각성을 인식하고 죄를 해결하기 위한 것인데, 4:7에 의하면 가인은 죄의 심각성을 인식하지 못했고 죄책감도 속죄의 필요성도 전혀 느끼지 않았다.

2) 창세기 4:7이 의미하는 것은 무엇인가?

창세기 4:7 네가 선을 행하면 어찌 낯을 들지 못하겠느냐 선을 행하지 아니하면 죄가 문에 엎드려 있느니라 죄가 너를 원하나 너는 죄를 다스릴지니라

'죄가 문에 엎드린다'에서 '엎드린다'는 것은 짐승이 먹이를 잡기 위해 낮은 자세로 엎드려 있는 모습이다. 선을 행치 아니하면 죄가 엎드려 있다가 덮칠 수 있다는 경고이다. 죄를 이기고 죄를 다스리라는 하나님의 말씀이다. 즉, 가인이 깊이 생각하고 또 마음으로 원하면 하나님이 받으시는 제사를 드릴 수 있었다는 의미이다.

3) 히브리서 11:4을 읽으라. 하나님이 아벨의 제사를 받으신 근원적인 이유가 잘 나와 있다. 하나님의 가치관은 무엇인가?

히브리서 11:4 믿음으로 아벨은 가인보다 더 나은 제사를 하나님께 드림으로 의로운 자라 하시는 증거를 얻었으니 하나님이 그 예물에 대하여 증언하심이라 그가 죽었으나 그 믿음으로써 지금도 말하느니라

아벨은 하나님을 신뢰하며 믿음으로 제사를 드려 하나님이 받으셨으나 가인은 그러한 믿음이 없으므로 하나님이 그 제사를 받지 않으셨다. 믿음은 눈으로 보이지 않는다. 그러나 하나님께서 아벨의 제사를 받으셨다는 것이 그의 믿음에 대한 증거이다. 하나님이 가장 원하시는 것은 '믿음'이다.

[보충자료]

가인과 아벨의 제사에 관한 참고 성구

가인 – 요한일서 3:12; 이사야 64:6; 에베소서 2:8–10; 디도서 3:5

아벨 – 히브리서 9:22; 11:4; 레위기 17:11

4) 오늘날의 상황 속에서 가인과 아벨이 드렸던 두 종류의 제사와 같은 예를 한 가지 이상 들어보라.

예: 자신의 영광을 위하여 교회에 헌금하는 사람과 하나님의 나라를 세우기 위하여 헌금하는 사람; 자신을 기쁘게 하기 위해 또는 자신의 경력에 선행을 쌓기 위해 다른 사람을 섬기는 사람과 하나님을 사랑하기 때문에 다른 사람을 진심으로 섬기는 사람

2 노아

1) 하나님께서 이 땅 위에 사람을 만드신 것을 후회한 것은 무엇 때문인가? (창 6:1-7)

사람들의 죄악이 세상에 가득함; 사람의 마음으로 생각하는 모든 계획이 항상 하나님을 떠난 악한 것이며 하나님의 길을 전혀 알려고 하지 않았기 때문이다.

2) 방주를 짓도록 노아가 하나님께 선택받은 이유는 무엇인가? (창 6:8-9)

노아는 그 시대에 의인이었으며 흠이 없는 사람이었다. 앞의 창세기 6:5-7의 사 람들과 노아는 달랐다. 그는 하나님과 동행하였고 하나님께 은혜를 받았다.

3) 노아를 통해 하나님께서 이룩하신 것은 무엇인가? (창 6:17-22; 히 11:7)

> 히브리서 11:7 믿음으로 노아는 아직 보이지 않는 일에 경고하심을 받아 경외함으로 방주를 준비하여 그 집을 구원하였으니 이로 말미암아 세상을 정죄하고 믿음을 따르는 의의 상속자가 되었느니라

하나님이 세상을 멸망시키시는 중에 노아를 구원하심으로 믿음과 순종의 사람은 심판 가운데에서도 구원 받음을 가르쳐 준다. 또한 노아와 그 가족을 통해 인류가 멸망하지 않고 지속되게 하셨다.

노아는 주위의 많은 사람들의 조롱에도 불구하고 방주를 만드는 일에 하나님을 온전히 신뢰하고 끝까지 순종했다. 믿음 없는 행동은 큰 손해를 가져오나 순종은 영원한 복을 가져온다.

3 아브라함

1) 아브라함은 세계사에서 특수한 위치에 있다. 유대교, 이슬람교, 기독교, 3대 종교가 아브라함을 그들 신앙의 창시자라고 여긴다. 창세기 12:2-3; 16:15; 17:19에 의거해 볼 때, 3대 종교가 어떻게 각각의 기원을 아브라함에게서 찾는가?

> 창세기 12:2-3 [2]내가 너로 큰 민족을 이루고 네게 복을 주어 네 이름을 창대하게 하리니 너는 복이 될지라 [3]너를 축복하는 자에게는 내가 복을 내리고 너를 저주하는 자에게는 내가 저주하리니 땅의 모든 족속이 너로 말미암아 복을 얻을 것이라 하신지라
>
> 창세기 16:15 하갈이 아브람의 아들을 낳으매 아브람이 하갈이 낳은 그 아들을 이름하여 이스마엘이라 하였더라

창세기 17:19 하나님이 이르시되 아니라 네 아내 사라가 네게 아들을 낳으리니 너는 그 이름을 이삭이라 하라 내가 그와 내 언약을 세우리니 그의 후손에게 영원한 언약이 되리라

하나님께서는 세상을 축복하는 통로가 되실 그리스도의 약속을 아브라함에게 주셨다.

(1) 아브라함은 예수 그리스도의 조상이다. 그러므로 예수님을 믿는 모든 자들, 즉 기독교인들의 영적 조상이다.

(2) 아브라함은 이삭의 아버지로 모든 유대인의 조상이다.

(3) 아브라함은 이스마엘의 아버지로 모든 모슬렘(이슬람교도)의 조상이다.

2) 하나님께서 아브라함에게 왜 아들을 번제로 드릴 것을 요구하셨는가? (창 22:1-2)

아브라함의 믿음을 시험하시려고

3) 창세기 22:8에 나오는 아브라함의 말을 통해 무엇을 배울 수 있는가?

창세기 22:8 아브라함이 이르되 내 아들아 번제할 어린 양은 하나님이 자기를 위하여 친히 준비하시리라 하고 두 사람이 함께 나아가서

아브라함의 대답은 사전에 이삭을 대신할 다른 제물을 준비해 놓으시겠다는 뜻 보다는 앞으로 되어질 모든 일이 하나님의 뜻 안에서 온전히 그리고 선하게 이루어질 것임을 믿는 확신에 찬 대답이다(히11:17-19). 아브라함은 100살에야 얻은 귀한 아들을 자신이 죽여서 바쳐야 한다는 하늘이 무너질 것 같은 하나님의 요구에도 절대적으로 신뢰하고 순종하였다. 아브라함의 이러한 믿음 때문에 하나님께서 어떤 요구를 하시더라도 절대적으로 신뢰하고 하나님의 요구에 순종할 수 있었다. 그러므로 우리도 이러한 믿음을 배울 수 있다.

4) 아브라함이 자신의 외아들을 기꺼이 희생하는 모습이 하나님이 우리를 사랑하신다는 것을 어떻게 상징적으로 보여 주는가?

하나님도 기꺼이 자원하는 마음으로 우리를 위해 그의 아들 예수 그리스도 내어주셨음을 상징적으로 잘 나타낸다. 아브라함은 이에 대해 고뇌했다. 하나님께서 예수님을 보내신 결단도 결코 쉬운 것이 아닌 하나님의 고뇌를 포함한다.

"하나님은 사람이 아니시니 거짓말을 하지 않으시고 인생이 아니시니 후회가 없으시도다 어찌 그 말씀하신 바를 행하지 않으시며 하신 말씀을 실행하지 않으시랴"(민 23:19). 우리는 하나님의 약속을 신뢰할 수 있다.

우리의 영적인 문제들은 성경에 대한 우리의 잘못된 태도로 인해 일어난다. 하나님의 약속을 신뢰하지 않거나 그 약속들에 대해 무지하기 때문에 염려하고 걱정하게 된다. 또 하나님의 말씀을 생활의 한 부분으로 받아들이지 않기 때문이다.

적용

1. 이 과에서 당신에게 가장 의미 있는 것은 무엇인가?

2. 가인에 대한 하나님의 반응에서 배운 교훈은 무엇인가?

3. 당신은 노아와 함께 방주를 탔을 것이라 생각하는가? 왜 탔을 것이라고 생각하는가? 또는 왜 아닌가?

4. 아브라함에게 주신 창세기 12:3의 축복의 약속은 당신에게 어떻게 실현되었는가?

(아브라함의 후손으로 오신 예수님을 믿음으로 죄를 용서받고 영원한 생명을 얻게 되었다.)

외울 말씀 로마서 4 : 20-21
믿음이 없어 하나님의 약속을 의심하지 않고 믿음으로 견고하여져서 하나님께 영광을 돌리며 약속하신 그것을 또한 능히 이루실 줄을 확신하였으니

읽을 말씀 창세기 4, 6, 7, 12, 22장

제4과

모세 : 유월절과 출애굽

학 습 목 표 : 주 안에 안식하며 믿음으로 생활하는 것을 배운다.

(제4과의 내용은 출애굽기 1-18장까지의 내용 중 유월절과 출애굽에 초점을 맞추고 있다.)

아브라함의 손자 야곱은 기근을 피하려고 그의 가족들을 데리고 그의 아들 요셉이 총리대신으로 있는 애굽으로 내려갔다. 400년 동안 그의 후손은 애굽 땅에서 크게 번성했다. 그 이후 세월이 흘러 요셉을 모르는 왕이 이스라엘 백성의 수가 많아지는 것을 염려하여 이스라엘 민족을 노예로 삼아 잔혹하게 다스렸다.

출애굽기 1-2장에는 이러한 상황의 전개와 모세의 출생 및 삶, 그리고 하나님께 구원을 부르짖는 백성들의 외침이 기록되어 있다. 하나님께서는 저들의 부르짖음을 들으시고 애굽에서 나가도록 모세를 보내셨다.

1 지도자 모세

1) 하나님께서는 왜 모세를 택하여 그의 백성을 인도하게 하셨는가? (히 11:23-29)

모세가 믿음의 사람이었기 때문이다. 모세는 자신에게 맡겨진 사역을 믿음으로 행했다.

2) 출애굽기 3-4장을 읽으라.

(1) 하나님께서 모세에게 지시하시면서 백성들이 어떤 반응을 보일 것을 말씀하셨는가? (출 3:18)

백성들이 모세가 하는 말을 들을 것이라고 말씀하셨다.

(2) 이것은 곧 누구의 일이 성취되어지고 있음을 보여 주는가? (출 3:17, 20-21; 4:12)

하나님의 일이 그분의 뜻과 계획대로 이루어지고 있음을 보여 준다.

(3) 출애굽기 4:13-15과 4:29-31을 비교하고 모세의 리더십에 대해 평가해 보라.

13-15절에서 모세는 자신의 힘과 능력만으로는 출애굽의 지도자가 되기에 부족하다고 생각했다. 하나님께서는 모세가 부족하다고 생각하는 점을 채워주셨고 예비해 주셨다. 그러나 결국 하나님께서 이 모든 일의 배후에 계심을 알려 주셨다. 29-31절에서 모세는 아론과 함께 하나님의 말씀에 순종하여 맡겨주신 일을 감당하고 있는 것을 볼 수 있다. 그는 맡겨주신 일을 자신의 능력이 아니라 하나님을 믿는 믿음과 지시에 순종했다. 그 결과 그는 위대한 일을 해낼 수 있었다.

하나님을 신뢰한 결과 모세의 삶에 일어난 변화들을 유의해 보라.

모세의 일생은 하나님을 신뢰하면 복을 받는다는 사실을 보여 준다.

믿음을 가지기 전	믿음을 가진 후
많은 기회들이 주어졌으나 그 기회를 잃었다(출 2:11-15).	놀라운 업적들을 이루었다. 기적을 행하고, 이스라엘을 출애굽 시켰으며, 하나님께 율법을 받았고, 하나님의 대변자가 되었다.
40년간을 헛되이 보냈다(행 4:23, 30).	80세 이후에 비로소 위대한 역사적 믿음의 위인이 되었다.
비겁하게 도망했다(출 2:15).	당시 최대의 제국을 향해 도전했다.

그는 홀로 하나님의 약속을 신뢰하고 그 당시 최대의 권력자에게 도전했다. 하나님은 우리의 상상을 초월한 훨씬 더 큰일을 위해 우리를 부르신다.

히브리서 11장에 나오는 '신앙의 영웅들'은 자신의 타고난 재능이나 위대함 때문이 아니라 오직 하나님을 신뢰했기 때문에 위대한 삶을 살았다. 믿음이 없이는 하나님을 기쁘시게 할 수 없다(히 11:6).

2) 모세는 하나님의 부르심에 어떻게 반응했으며, 하나님은 모세의 반응들을 어떻게 다루셨는가? (출애굽기 4장)

1-9절 모세는 백성들이 그를 믿지 않을 것을 두려워했다. 하나님은 모세에게 기적적인 증거를 주셨다.

10-12절 모세는 '입이 뻣뻣하고 혀가 둔한 자' 라고 호소했다. 하나님은 친히 그의 입에 할 말을 가르쳐 주실 것을 모세에게 확신시키셨다.

13-17절 모세는 말하는 자가 되기를 원치 않았다. 하나님은 모세에게 그의 형 아론을 붙여주시고 특별한 지팡이를 갖게 하셨다.

위의 구절들에 따르면 하나님은 어떤 분이신가?

하나님께서는 우리를 부르실 때 이미 우리의 약함을 아신다. 그렇기 때문에 우리의 능력이 아닌 그분의 능력에 의존하시기를 원하신다. 그리고 우리의 약점을 보안하는 방법을 마련해 주신다. 그래서 모세처럼 하나님을 신뢰하고 나아갈 때 놀라운 일을 행할 수 있게 된다.

4) 출애굽기 4:1에서 모세는 "백성들이 나를 믿지 않으면 어떻게 합니까?" 라고 염려했다. 모세가 순종했을 때 백성들은 처음에 어떠한 반응을 보였는가? (31절)

백성들이 모세를 믿으며 여호와께 머리를 숙여 경배했다.

하나님께서 모든 일을 얼마나 치밀하게 계획하셨는가! 하나님은 우리를 위해서 계획을 가지고 계신다. 그리고 우리가 하나님의 그 계획에 맞추어 살기를 권하신다.

모세가 하나님의 부르심에 불순종했다면 우리는 모세를 알지 못했을 것이다. 우리를 위한 하나님의 계획을 받아들일 때 우리는 승리자가 된다.

2 유월절

출애굽기 12장을 읽으라.

1) 하나님께서 왜 이 재앙을 내리셨는가? (12-14절)

애굽 왕 바로와 그 백성들과 또한 애굽의 모든 신을 심판하고, 이스라엘 백성들에게는 이것을 기억하여 여호와께서 베풀어주신 역사를 대대로 기념하게 하며 이것을 계기로 하나님의 백성 이스라엘이 애굽에서 떠나게 하기 위해서이다.

2) 이스라엘 백성들에게 준 가장 중요한 지시사항은 무엇인가? (7, 13절)

흠 없고 완전한 양을 죽여 그 피를 그들의 집 좌우 문설주와 인방(문 위를 가로지르는 나무)에 바르라.

3) 아래 구절들은 유월절의 양과 예수 그리스도 사이에 어떤 관계가 있다고 말하는가?

출애굽기 12:3; 요한복음 1:29 양: 예수 그리스도는 하나님의 어린 양이다.

요한복음 1:29 이튿날 요한이 예수께서 자기에게 나아오심을 보고 이르되 보라 세상 죄를 지고 가는 하나님의 어린 양이로다

출애굽기 12:5-6; 이사야 53:7 베드로전서 2:21-22 흠 없는 양: 예수 그리스도는 죄가 없으시다.

이사야 53:7 그가 곤욕을 당하여 괴로울 때에도 그의 입을 열지 아니하였음이여 마치 도수장으로 끌려 가는 어린 양과 털 깎는 자 앞에서 잠잠한 양 같이 그의 입을 열지 아니하였도다

출애굽기 12:6; 고린도전서 5:7 죽임 당한 양: 예수 그리스도는 우리를 위해 희생 제물로 죽으셨다.

고린도전서 5:7 너희는 누룩 없는 자인데 새 덩어리가 되기 위하여 묵은 누룩을 내버리라 우리의 유월절 양 곧 그리스도께서 희생되셨느니라

참고: 유월절 때에 누룩 없는 떡인 무교병을 먹은 것과 연결시켜 묵은 누룩을 내버리라고 말한다. 여기에서 '묵은 누룩'은 죄를 의미한다.

좌우 문설주와 인방에 바른 피는 무엇을 연상케 하는가? (출 12:7, 22-23)

예수 그리스도의 십자가의 피를 연상하게 한다. (완전한 보호와 구원)

4) 모세를 통해 주어진 지시를 불순종한 사람에게 어떤 일이 일어났겠는가?

그들의 장자(처음 태어난 아들)가 죽었을 것이다.

이것이 우리에게 말해 주는 영적진리는 무엇인가?

우리는 피로(대신 죽음으로) 말미암아 보호를 받는다. 또한 하나님의 말씀(지시)에 순종하는 자만이 구원을 받을 수 있다.

5) 어떤 사람이 하나님께서 너무 편파적이라고 주장한다면 어떻게 답변하겠는가? (출 12:29)

하나님께서는 바로와 그의 백성들에게 이미 9번의 재앙을 통해서 기회를 충분히 주셨다. 인간관계에 있어서는 3번 정도의 주어도 충분히 주었다고 말한다. 바로는 9번 모두 거절했다. 이제 그 마지막 기회를 통해서 결정타를 날려야 하는데 이 방법만이 바로의 마음을 돌릴 수 있는 유일한 길임을 하나님은 알고 계셨다.

이렇게 하지 않으면 바로는 출애굽기 1장에서 한 것처럼 계속 이스라엘의 아이들을 죽일 것이고 이스라엘은 노예 상태로 계속 신음하며 살 것이며, 애굽인들을 향한 구원의 길도 없었을 것이다(애굽인들 중에서도 여호와를 믿는 자들이 있었다).

이것이 그리스도를 영접하지 않은 사람들에게 어떻게 적용되겠는가?

예수 그리스도를 영접하지 않은 사람은 영원한 생명을 얻지 못한다.

유월절이 구원의 교리를 얼마나 정확하게 말해 주는지 각자의 말로 설명해보라.

구원은 예수 그리스도와의 관계를 통해 이루어진다.

구원을 받지 않았다면 누구나 죄인이다. 중간이란 없다. 선한 사람 또는 사회적 지위나 인격을 가진 사람도 예수 그리스도의 피(대신 죽으심)를 거부하면 죄인일 뿐이다.

3 출애굽 ("나감")

1) 이스라엘 역사상 가장 중요한 사건이 유월절 다음 날 일어났다. 무슨 일인가? (출 12:40-41)

모든 이스라엘 백성들이 애굽을 탈출함으로 노예생활에서 자유로워졌다.

2) 출애굽기 3:7-8과 요한복음 3:16을 비교해 보라. 그 내용이 어떤 연관성이 있는가?

이스라엘 백성이 애굽에서 구원을 받은 것이나 하나님이 그의 아들을 보내주시어 우리를 구원하신 사건이나 모두 하나님의 사랑을 보여 준다. 하나님은 필요를 아시고 이를 채워주시는 분임을 보여 준다. 이 두 사건은 모두 미리 약속하고 이루어진 사건이다.

3) 세계에서 가장 놀랍고도 유명한 기적 중 하나가 출애굽기 14장에 기록되어 있다. 그것은 무엇인가?

홍해가 갈라지게 하신 일이다.

이 사건이 당신에게 주는 영적 진리는 무엇인가? (출 14:31의 이스라엘 백성들의 반응과 비교해 보라).

우리가 보기에 불가능해 보이는 것도 하나님은 하실 수 있다.

4) 이스라엘 민족이 광야에서 많은 시련과 고통을 겪었다. 약속의 땅에 들어가기 전 수십년간 방황하면서 하나님께 여러 번 범죄했다(참고, 출 17:1-7; 32:1-6, 15-20; 민 21:4-9).

(1) 구약에 기록된 이 사건들이 오늘날 당신에게 어떤 실제적인 가치가 있는가? (고전 10:5-11)

이 사건들은 우리에게 모범과 경계가 된다.

(2) 이러한 사건들에서 나타난 잘못된 태도와 죄들은 무엇인가?

다툼, 불평, 우상숭배, 성적 부도덕, 불순종, 인내하지 못함 등이다.

5) 고린도전서 10:1-13에 기록된 광야생활의 말씀을 통해 당신에게 주신 하나님의 약속은 무엇인가?

우리가 감당할 수 없는 시험 당함을 허락하지 않으시고 또한 시험 당할 때에 피할 길을 주셔서 우리로 능히 감당하게 하신다.

"사람이 감당할 시험 밖에는 너희가 당한 것이 없나니 오직 하나님은 미쁘사 너희가 감당하지 못할 시험 당함을 허락하지 아니하시고 시험 당할 즈음에 또한 피할 길을 내사 너희로 능히 감당하게 하시느니라"(고전 10:13).

참고: '미쁘다'는 '신실하다'는 의미이다.

이 말씀은 우리가 어려움을 당할 때에 인내함으로 하나님의 신실하심에 기대어 시험에서 승리를 해야 한다고 말한다. 이스라엘 백성들은 광야에서 하나님에 대한 믿음만 있었으면 충분히 감당할 시험이었음에도 불구하고 피할 길이 없다고 하나님을 원망하고 불만하다가 결국 망하게 되었음을 가르쳐 준다.

현재 당신의 삶에서 이 약속을 붙잡아야 할 상황이 있다면 나누어 보라.

이스라엘 백성은 하나님이 그들을 위해 놀라운 이적과 기사들을 보여주셨음에도 불구하고 또 다시 잘못을 행했다. 그들은 하나님 안에서 안식하지 못했다. 그들은 우상을 숭배했고(고전 10:7), 간음했으며(8절), 주님을 시험했고(9절), 하나님께 불평했다(10절). 이런 이유 때문에 하나님이 그들을 심판하셨다(참고, 갈 5:7-8).

고린도전서 10:12 "그런즉 선줄로 생각하는 자는 넘어질까 조심하라"는 말씀에 의하면, 성숙한 인격을 가진 그리스도인도 똑같은 죄들을 범할 수 있다. 그러나 시험이 우리에게 닥쳤을 때 고린도전서 10:13의 약속의 말씀을 붙든다면 죄를 피할 수 있으며 하나님께서 우리를 사용하실 수 있다.

우리가 할 일은 오직 우리가 하나님의 손에 붙들려서 하나님이 우리에게 주신 것들, 즉 재능, 시간, 물질을 전적으로 하나님이 그의 목적에 따라 유용하게 쓰시도록 우리 자신을 맡기는 것이다.

적용

1. 이 과에서 당신에게 가장 의미 있는 것은 무엇인가?

2. 하나님은 우리가 가지고 있는 것을 사용하기를 원하신다. 모세는 지팡이를 사용했고, 다윗은 물맷돌을 사용했으며, 기드온은 횃불과 항아리와 나팔을 사용했다. 당신이 가진 것은 무엇인가? 하나님께서 당신에게 맡겨 주신 것들을 어떻게 사용하기를 바라시겠는가?

3. 당신은 일상생활에서 고린도전서 10:13을 어떻게 적용하겠는가?

외울 말씀 고린도전서 10:13
사람이 감당할 시험 밖에는 너희가 당한 것이 없나니 오직 하나님은 미쁘사 너희가 감당하지 못할 시험 당함을 허락하지 아니하시고 시험 당할 즈음에 또한 피할 길을 내사 너희로 능히 감당하게 하시느니라

읽을 말씀 출애굽기 3, 4, 12, 14장

제5과

율법과 은혜

학 습 목 표 : 율법을 지킬 수 없는 인간의 연약함과 하나님의 은혜가 필요한 사실을 깨닫게 된다.

하나님의 거룩한 말씀에는 모세의 율법과 하나님의 은혜가 대조를 이루며 나타난다. 하나님은 율법을 통해서 사람에게 요구하시는 의의 기준을 제시하셨다. 율법을 다 지킴으로 의롭게 될 사람은 한 사람도 없다. 하나님은 그리스도 안에서 은혜로 사람에게 의를 주셨고 그 의는 믿음으로 우리의 것이 된다(요 1:17; 엡 2:8-9).

율법으로 우리는 죄를 깨닫게 된다(롬 7:7-8; 갈 3:19). 바울은 "전에 율법을 깨닫지 못했을 때에는 내가 살았더니 계명이 이르매 죄는 살아나고 나는 죽었도다."라고 말했다(롬 7:9).

바울은 그의 죄성 때문에 악을 행하는 것과 끊임없이 싸운다고 탄식했다. "내 속사람으로는 하나님의 법을 즐거워하되 내 지체 속에서 한 다른 법이 내 마음의 법과 싸워 내 지체 속에 있는 죄의 법으로 나를 사로잡는 것을 보는도다 오호라 나는 곤고한 사람이로다 이 사망의 몸에서 누가 나를 건져내랴"(롬 7:22-25).

이것은 하나님의 은혜가 없을 때 그리스도인들이 겪게 되는 갈등이다. 이 은혜로 인해 예수 그리스도는 우리를 율법으로부터 오는 죄의식과 죄로 인해 생긴 속박에서 벗어나게 해 주셨다. 바울은 예수 그리스도로 말미암아 하나님께서 자신을 자유하게 하신 것을 감사하고 있다(롬 7:25상).

하나님의 은혜를 생생히 보여 주시는 예수님을 통해 우리는 구약의 이야기 속에서 하나님의 자비에 대해 풍부하게 이해할 수 있게 된다. 구원이 오직 하나님의 자비와 은혜로만 가능하다는 것은 율법 아래 있는 사람의 갈등을 볼 때 분명해진다. 이처럼 성경은 죄에 대한 하나님의 심판과 그를 진심으로 신뢰하며 순종하는 자들의 구원을 균형 있게 다룬다.

1 율법

'율법'이라고 말할 때 가장 먼저 생각나는 것은 십계명이다. 십계명은 출애굽기 20장에 기록되었고 신명기 5장에도 반복된다. 그 내용은 다음과 같다.

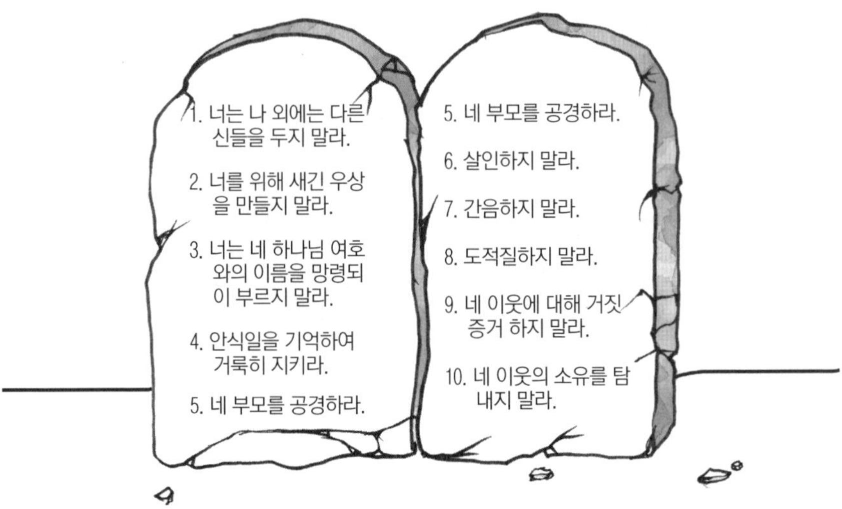

1) 예수님께서는 십계명을 마태복음 22:37-40에서 두 가지로 압축하셨다. 그 두 가지는 무엇인가?

(1) 네 마음을 다하고 목숨을 다하고 뜻을 다하여 주 너의 하나님을 사랑하라.

(2) 네 이웃을 네 자신 같이 사랑하라.

마음을 다하고 목숨을 다하고 뜻을 다한다는 것은 마음과 육체와 의지 모두, 내 존재의 전심을 다해 여호와를 사랑하라는 말씀이다. 그러나 이것을 어떻게 증명하는가? 내가 하나님을 사랑한다는 것을 어떻게 스스로 또는 하나님은 판단하시는가? 그 답은 '네 이웃을 네 자신 같이 사랑하라'는 말씀에서 발견할 수 있다. 내가 내 이웃을 얼마나 사랑하는가가 하나님을 사랑하는 척도이다. 쉽지 않은 신앙의 도전이다. 보이지 않는 하나님을 사랑하는 것은 보이는 이웃을 사랑하는 것으로 알 수 있다.

2) 야고보는 율법 중에 하나를 범하는 것에 대해서도 매우 심각하게 말씀하고 있다. 어떻게 선언하는가? (약 2:10)

야고보서 2:10 누구든지 온 율법을 지키다가 그 하나를 범하면 모두 범한 자가 되나니

누구든지 온 율법을 지키다가 그 하나를 범하면 모두 범한 자가 된다.

야고보서 2:1-10은 사람을 차별하는 것에 대한 죄를 이야기하고 있다. 그것이 작은 일처럼 보이지만 결국 이웃을 내 몸같이 사랑하라는 중요한 율법을 깨는 것이다. 그러므로 사람 하나를 차별하는 것도 율법 전체의 정신을 깨는 것이므로 율법을 범한 자, 즉 죄인이 된다고 말한다.

2 율법이 하는 일

신명기 29:29과 30:11-20을 읽으라.

모세의 율법은 행위의 언약이다. 하나님은 '... 하라'와 '... 하지 말라'라고 말씀하셨다. 율법은 명확하고 그것을 지키지 않으면 그에 해당되는 형벌도 분명히 규정하고 있다.

웹스터 사전은 법에 대해 "국가에서 정한 국가의 강제력이 수반되는 행위와 행동에 대한 규정"이라고 정의한다. 법에는 항상 두 가지 요소가 포함되는데 그것은 기준과 처벌이다.

이 율법들은 그 당시 의에 대한 하나님의 기준을 나타낸다. 이것은 구약시대에는 문자 그대로 사람들의 행동의 표준을 나타내주는 척도였다. 신약성경은 '이 율법에 의해서 죄를 알게 된다.'고 말한다. 예수 그리스도는 '율법을 완성' 하러 오셨고, 십자가에서 죽으심으로 율법을 완성하셨다. 따라서 이제는 예수 그리스도 자신이 의에 대한 하나님의 기준이 되었다.

1) 하나님의 백성들은 하나님께서 주신 명령에 대해서 어떻게 반응해야 하는가? (신 29:29; 30:11, 19)

> 신명기 29:29 감추어진 일은 우리 하나님 여호와께 속하였거니와 나타난 일은 영원히 우리와 우리 자손에게 속하였나니 이는 우리에게 이 율법의 모든 말씀을 행하게 하심이니라
>
> 신명기 30:11 내가 오늘 네게 명령한 이 명령은 네게 어려운 것도 아니요 먼 것도 아니라
>
> 신명기 30:19 내가 오늘 하늘과 땅을 불러 너희에게 증거를 삼노라 내가 생명과 사망과 복과 저주를 네 앞에 두었은즉 너와 네 자손이 살기 위하여 생명을 택하고

하나님이 주신 모든 말씀들을 따라야 한다. 그것이 생명을 택하는 길이다.

2) 신명기에서 모세가 백성들에게 반복적으로 부탁한 메시지는 무엇인가? 다음 구절을 묵상하면서 답을 찾아보라. 모세는 왜 그렇게 해야 한다고 가르치고 있는가? (신 30:16, 20)

신명기 30:16 곧 내가 오늘 네게 명령하여 네 하나님 여호와를 사랑하고 그 모든 길로 행하며 그의 명령과 규례와 법도를 지키라 하는 것이라 그리하면 네가 생존하며 번성할 것이요 또 네 하나님 여호와께서 네가 가서 차지할 땅에서 네게 복을 주실 것임이니라

신명기 30:20 네 하나님 여호와를 사랑하고 그의 말씀을 청종하며 또 그를 의지하라 그는 네 생명이시요 네 장수이시니 여호와께서 네 조상 아브라함과 이삭과 야곱에게 주리라고 맹세하신 땅에 네가 거주하리라

하나님을 사랑하고 그 모든 길로 행하라. 그의 명령과 규례와 법도를 지키라. 하나님의 말씀을 청종하며 그를 의지하라. 그 이유는 하나님만이 생명의 주권자 이시기 때문이다. 또한 그렇게 행할 때에만이 번성할 수 있고 복을 누릴 수 있기 때문이다.

3) 마가복음 12:28-31에서 예수님은 율법의 모든 계명 중에 첫째와 둘째가 무엇이라고 말씀하시는가?

① 네 마음을 다하고 목숨을 다하고 뜻을 다하고 힘을 다하여 주 너의 하나님을 사랑하라.

② 네 이웃을 네 자신과 같이 사랑하라.

예수님도 이 두 가지를 가장 큰 계명이라고 말씀하셨다. 구약과 신약 모두 강조점이 같다.

4) 마태복음 5:17에 의하면, 예수님이 율법을 어떻게 평가하셨다고 생각하는가?

마태복음 5:17 내가 율법이나 선지자를 폐하러 온 줄로 생각하지 말라 폐하러 온 것이 아니요 완전하게 하려 함이라

예수님은 율법을 폐하러 오신 것이 아니고 오히려 완전하게 하려고 오셨다. 따라서 율법을 우리와 관계 없는 것으로 생각해서는 안된다.

('율법이나 선지자'는 구약 전체를 일컫는 표현이다)

5) 로마서 3:19-26을 읽으라.

(1) 율법은 무엇을 드러내는가? (19-20절)

죄를 깨닫게 한다. 즉, 사람이 율법을 다 지켜 행할 수 없기 때문에 자신이 의롭지 못하며 죄인임을 깨닫게 한다.

"이는 모든 입을 막고 온 세상으로 하나님의 심판 아래에 있게 하려 함이라."(롬 3:19 하) 율법은 하나님의 기준을 보여 주는 것이다. 이 세상의 누구도 그 기준을 벗어나 의롭게 될 수 없다. 온 세상 사람들은 개인의 의지와 상관없이 모두가 하나님의 율법의 기준 아래 있다("모든 입을 막고"). 그러므로 어느 누구든 율법의 기준대로 살 수 없다면 그는 결국 하나님의 심판 아래에 놓이게 된다.

(2) 율법이 완전히 계시하지는 못했지만 무엇을 증거하고 있는가? (21절)

하나님의 의를 증거한다. 즉, 의롭게 되는 길은 율법을 지키는 것이 아니라 다른 방법으로 되는데, 이 다른 방법은 하나님의 의로 된다는 것을 증거한다.

"이제는 율법 외에 하나님의 한 의가 나타났으니 율법과 선지자들에게 증거를 받은 것이라 곧 예수 그리스도를 믿음으로 말미암아 모든 믿는 자에게 미치는 하나님의 의니 차별이 없느니라."(롬 3:21-22) 여기에서 하나님의 의(righteousness)는 율법과 선지자들, 즉 구약에서도 증거 한 것이라고 말한다. 구약을 읽어보면 율법으로는 어느 누구도 의롭게 될 수 없고 메시아만이 구원(의롭게 됨)의 유일한 희망이라고 말하며 그분을 기다리고 있음을 알 수 있다. 그것을 사도바울이 가리킨 것이다.

(3) 우리가 의롭게 될 수 있는 길은 무엇인가? (22-24절)

하나님의 은혜로 예수 그리스도를 믿음으로 값없이 의롭다 하심을 얻을 수 있다. 우리의 노력으로는 하나님의 율법의 요구를 완전하게 다 이룰 수 없다.

신약성경에서 '율법'이란 말은 종종 율법주의적인 방법으로 하나님께 나아가려는 것, 즉 자기 스스로 하나님의 의의 기준을 지킴으로 그 앞에서 의롭게 되려는 노력을 말한다. 기독교를 제외한 모든 종교와 도덕 체계들은 모두 율법주의적인 길을 추구한다. 모세의 율법은 법적인 면에서 하나님께 나아가는 최상 최고의 길이다. 인간의 법체계 가운데 모세의 율법만이 하나님으로부터 인정받은 것이다. 십계명이나 산상보훈과 같은 율법을 완전히 지킬 수 있으면 좋겠지만 어느 누구도 그렇게 할 수 없으며, 그런 노력은 행위로 하나님께 의로움을 인정받으려는 행위 구원이 되는 것이다. 누구도 성공할 수 없는 길이다.

행위와는 완전히 다른 길이 있다. 그것은 은혜로 하나님께 나아가는 길이다(롬 6:14). 하나님께서는 율법과 은혜를 각기 다른 목적으로 주셨다. 그 목적을 혼동하지 말아야 한다. 의롭게 되는 길에 있어서 우리는 이 둘 중의 어느 하나만을 따라야지 둘 다 따를 수는 없다. 모든 그리스도인들은 깨닫든 깨닫지 못하든, 그 특권을 누리든 못 누리든 주의 은혜 아래 있다. 은혜는 우리의 노력의 대가가 아니라 하나님께서 거저 베푸신 사랑과 자비이다(딛 3:5-6; 롬 4:4-5).

율법 아래서는 우리가 땀 흘려 노력해야 하지만(노력해도 얻을 수는 없다), 은혜 아래서는 주님이 값없이 주시는 선물을 거저 받는 것이다.

은혜는 우리의 노력 여하가 아니라 다만 우리가 받아들이느냐 받아들이지 않느냐에 달려 있다. 그것은 우리의 선함이나 악함이 기준이 아니다(롬 5:8). 자격이 없는 우리에게 하나님께서는 최상의 방법을 마련해 놓으셨다.

3 은혜

1) 로마서 3:19-26은 하나님의 은혜를 이해하는데 도움이 된다. 아래에 있는 로마서 3:19-26 [현대인의 성경]을 읽으면서 당신에게 특별히 의미가 있는 낱말에 밑줄을 그으라.

19 우리가 아는 대로 율법은 율법 아래 있는 사람들에게만 적용됩니다. 그래서 아무도 변명하
지 못하고 모든 사람이 다 하나님 앞에 죄인으로 서게 하려는 것입니다. 20그래서 율법을 지키
는 것으로는 하나님 앞에서 아무도 의롭다는 인정을 받을 수가 없습니다. 율법은 다만 우리가
죄인이라는 사실을 깨닫게 하는 것뿐입니다. 21그러나 지금은 율법과 관계없이 하나님에게 의
롭다는 인정을 받을 수 있는 길이 열렸습니다. 그것은 율법과 예언자들에 의해서 증거 된 것입
니다. 22예수 그리스도를 믿는 사람이면 누구나 차별 없이 하나님에게 의롭다는 인정을 받습니
다. 23모든 사람이 죄를 지어 하나님의 영광스런 표준에 미치지 못하였으나 24예수 그리스도께
서 마련하신 구원의 길을 통해 하나님의 은혜로 값없이 의롭다는 인정을 받게 되었습니다. 25
하나님께서는 그리스도 예수님의 피를 죄에서 구원하는 제물로 삼으시고 누구든지 그분을 믿
으면 하나님과 화목하게 하셨습니다. 그것은 하나님께서 참으심으로 그냥 지나쳐왔던 과거의
모든 죄를 26오늘날 그리스도로 말미암아 해결하심으로 자기의 의로우심을 나타내셔서 자기
도 의로우시며 예수를 믿는 사람도 의롭다고 인정하기 위해서입니다.

2) 로마서 3:20과 에베소서 2:8-9을 비교해 보고 그 결론을 적어 보라.

우리는 선한 행위를 함으로 의롭게 되는 것이 아니라 믿음을 통해서만 의롭게 될 수 있다.

(1) 율법을 완전히 지키라는 명령을 받게 된다면 사람들은 어떤 기분이 들까?

율법을 지킬 수 있을 것이라는 착각 아래 율법으로 하나님 앞에서 의롭다는 인정을 받으려고 노력하는 사람들이 많이 있다. 예수님 당시에 바리새인들은 자신들이 율법을 잘 지키므로 의롭다고 착각하는 율법주의자들이었다. 예수님은 그들이 얼마나 잘못 되었는가를 곳곳에서 지적하셨다. 또 다른 종류의 사람들은 율법을 다 지키지 못해 끊임없는 죄책감 속에 살아간다. 어떤 이들은 아예 율법적 또는 양심적으로 사는 것조차 포기하는 사람들도 많이 있다.

(2) 당신은 은혜로 사는 삶과 율법을 따르는 삶 중 어느 것을 택하겠는가? 왜 그런가?

은혜아래 사는 것을 택할 것이다. 왜냐하면 율법에 따라 사는 것이 불가능할 뿐 아니라 율법으로는 결코 의롭게 되지 못하기 때문이다. 그러므로 은혜 아래 사는 삶을 택한 자들은 감사와 사랑으로 하나님께 더 순종하기를 원할 것이다.

오늘날 많은 그리스도인들이 하나님께서 값없이 주신 은혜로 모든 것을 소유하고 있다. 하지만 여전히 율법 아래에서 율법의 완전한 기준대로 살지 못하는 자신의 연약함을 정죄하고 죄책감을 느끼며 비참한 실패의 삶을 살고 있는 이들도 있다. 그들은 하나님을 완고하고 빈틈없는 완벽을 요구하는 감독자로 생각한다. 그래서 자신들이 지은 죄를 해결하기 위해 평생 분투한다. 선행으로 하나님의 사랑을 얻고 천국에 가고자 애쓴다. 그러나 예수께서 '사랑하는 아바 아버지'라고 부르셨던 하나님은 은혜로 모든 것을 용서하시고 풍성하게 주시는 우리의 아버지이시다. 우리가 알아갈수록 더욱 귀한 은혜의 하나님이심을 깨닫게 될 것이다.

율법과 은혜의 목적:

율법의 목적은 판단하여 죄를 드러내는 데 있다(딤전 1:8-10). 율법은 인간을 결코 구원할 수 없으며 능력을 주거나 격려나 위로를 줄 수도 없다. 거울은 단지 우리의 모습을 비춰줄 뿐 얼굴에 무엇이 묻어 있어도 그것을 닦아주지 못한다. 거울은 단지 무엇이 묻었다는 사실을 보여 줄 뿐이다. 이와 마찬가지로 율법은 우리에게 은혜가 필요하다는 것을 알려 줄 뿐이다.

은혜의 목적은 구원하고 능력을 주며 위로와 격려를 주는 것이다(엡 2:8-9; 롬 6:1-2). 거울은 얼굴에 묻은 것을 보여 줄 뿐, 더러운 것을 씻어주는 것은 물과 비누이다. 이처럼 율법은 더러움을 보여 주고, 은혜는 그것을 씻어 준다.

은혜 아래 있기 위해 기억해야 할 사항

신약성경 전체의 내용은 그리스도인이 율법에서 해방되고 은혜 아래 있다는 사실을 반복하여 말한다. 성경의 진리는 분명하지만 오해하고 있는 사람들이 많다.

* 우리의 죄의 짐이 제거되었다.

우리의 모든 죄는 그리스도에 의해 용서받았다(요일 2:2). 우리가 비록 하나님의 율법을 다 지키지 못해 죄를 지었으나 죄책감에 시달릴 필요는 없다. 하나님께서는 우리의 죄를 완전히 용서해 주셨다. 죄의 짐을 지고 애써 싸우는 그리스도인들은 하나님을 가혹한 재판관으로 생각한다. 그래서 하나님을 결코 기쁘시게 할 수 없다고 생각하는데 이것이 곧 율법 아래 사는 모습이다. 로마서 8:1은 그리스도인에게는 결코 정죄함이 없다고 말한다.

* 신앙생활의 그릇된 동기가 제거되었다.

하나님의 인정을 받기 위해 애쓰는 삶을 더 이상 살지 않아도 된다. 하나님께서는 그리스도 안에서 나의 삶을 보신다. 하나님은 죄악 된 내가 아니라 내 안에 계신 그리스도를 보신다. 나의 과거와 현재와 미래의 선행은 내가 천국에 가도록 도와줄 수 없다. 십자가만이 나를 의롭게 해주기 때문이다.

전도나 성경공부가 나를 의롭게 해주지 못한다. 그러므로 하나님을 위한 봉사는 두려움이나 위협 때문이 아니라 사랑 때문에 자원하는 마음으로 기쁘게 하는 것이다. 많은 그리스도인들이 자신이 만든 율법에 얽매여 있다. 그들은 사랑으로 순종하는 것이 아니라 하나님의 인정을 받기 위해 일한다. 매일 한 사람씩 전도하고 이른 아침 시간을 정하여 성경을 읽으며 기도제목을 적고 어김없이 기도한다. 그러나 자신이 세운 규칙을 어기게 되면 가책을 받고 무거운 죄책감에 빠져 버린다. 이러한 습관은 아주 좋고 유익하지만 그 동기가 사랑이어야만 한다.

더욱이 우리는 스스로 도덕 기준을 세우지 않도록 조심해야 한다. 매일 한 사람씩 전도하고 아침에 성경 읽는 일은 도덕 기준이 아니다. 우리의 기준은 오직 하나님의 말씀이다. 여기에 나의 기준이나 훌륭한 사람들의 기준을 첨가해서는 안 된다.

*** 연약함이라는 짐이 제거되었다.**

은혜 아래 있는 우리에게는 더 높은 기준이 있는데 그것은 곧 그리스도의 삶이다. 내 안에 계시는 주님이 그 기준에 완전히 도달하도록 도와주신다. 그리스도인의 삶은 때로 넘어질 때도 있지만 용서받고 또 새롭게 그 기준을 향해 계속 달려가는 것이다.

'이것을 지키며 살라'고 율법은 명령하지만
발이나 손을 주는 것은 아니라네.
더욱 은혜로운 복음의 말씀이
나를 날게 하시며 날개도 주셨다네, —작자미상—

적용

1. 이 과에서 당신에게 가장 의미 있는 것은 무엇인가?

2. 자기 자신의 선행으로 하나님을 기쁘시게 하려는 사람에게 율법과 은혜의 차이를 설명해보라.

   은혜는 아무런 공로 없이 받는 호의이고, 율법은 완전한 기준을 지키는 것이다.

3. 다음 사항과 당신과의 관계는 어떠한가?

   율법 : 나의 죄를 드러낸다.

   은혜 : 내가 하나님과 관계를 가질 수 있는 길을 열어준다.

4. 율법과 은혜에 대한 깨달음이 하나님을 기쁘시게 하고 싶은 당신의 열망에 어떤 변화를 주는가?

외울 말씀 로마서 6:23
죄의 삯은 사망이요 하나님의 은사는 그리스도 예수 우리 주 안에 있는 영생이니라.

읽을 말씀 갈라디아서 3장

제6과

구원과 용서

학 습 목 표 : 하나님의 약속을 믿어 안식을 누리며, 죄로 인해 하나님과의 교제가 방해받지 않고 지속될 수 있게 한다.

구약성경의 여호수아와 다윗은 다른 사람들과 구별되는 독특한 자질을 갖고 있어서 유명해졌다.

여호수아는 모세의 탁월한 군사 전략가로 활약했다. 모세를 도와 이스라엘을 약속의 땅 가나안으로 인도한 그는 '구원자'로서의 특징을 갖는다. 모세가 가나안 땅을 정탐하러 보냈던 12명의 정탐꾼 중에 여호수아와 갈렙만이 하나님께서 분명히 그 땅을 정복하게 하실 것이라고 확신했다. 여호수아와 갈렙은 하나님을 믿고 기꺼이 순종하여 애굽에서 노예생활을 경험했던 사람들 중에서 유일하게 가나안 땅에 들어갔다. 여호수아는 도전에 직면했을 때 충성스럽게 하나님의 인도하심을 구했으며, 하나님께서는 그를 모세를 계승하는 이스라엘의 지도자요 구원자로 세웠다.

목동, 시인, 군인이었던 이스라엘의 가장 위대한 왕 다윗은 용서의 원리로 잘 알려져 있다. 예수 그리스도의 조상으로서 그는 히브리서 11장 믿음의 전당에 이름이 올라가 있으며, 하나님께서 친히 그를 "마음에 맞는 사람"이라고 하셨다(삼상 13:14). 그러나 그에게도 어두운 그늘이 있었다. 그는 밧세바와 간음하고 그녀의 남편인 우리야를 살해하도록 지시했다. 또한 하나님께 불순종하여 인구조사를 실시했다.

이러한 실패에도 불구하고 신실하시고 용서하시는 하나님에 대한 다윗의 변치 않는 믿음이 오늘날 우리에게도 위로의 근원이 된다. 다윗은 진실한 마음으로 그의 죄를 즉각적으로 고백했고 하나님께서도 결코 용서를 주저하지 않으셨다(시 32:1-5).

이것을 통해 우리가 배울 수 있는 교훈은 다윗처럼 우리도 죄의 결과로 고통을 받을 수 있지만, 우리가 실패할 때마다 하나님의 용서하시는 사랑을 의지할 수 있다는 것이다.

여호수아와 다윗에게서 찾아볼 수 있는 공통된 한 가지 자질은 하나님에 대한 신뢰이다. 이 자질이 그들을 위대한 사람이 되게 했다.

다윗은 다른 어떤 왕보다도 하나님과 그의 백성을 연결시키는 고리가 되었다. 하나님께서는 다윗 왕에게 "네 집과 네 나라가 내 앞에서 영원히 보전되고 네 왕위가 영원히 견고하리라"고 말씀하셨다(삼하 7:16. 참고 시 89:3-4, 27-29; 132:11). 이 말씀은 장차 다윗의 혈통에서 태어날 위대한 한 왕을 통해 성취되어진다. 이 왕은 영원히 사시며 영원한 한 나라를 세우시게 된다(사 9:6-7; 눅 1:30-33).

당신이 배운 원리들을 생활가운데 적용할 수 있도록 도와주시기를 하나님께 기도하며 이 과를 자세히 공부하자.

1 여호수아와 구원

여호수아의 이름은 '여호와는 구원이시다.'라는 뜻을 갖는다. 이것을 헬라어로 번역하면 우리의 주 "예수"의 이름으로 연결된다.

1) 하나님께서 여호수아에게 하신 약속을 열거해 보라. (수 1:1-9)

하나님께서 그가 밟는 곳을 모두 주시고 힘과 승리를 주겠다고 하셨다. 또한 하나님의 임재와 위로와 성공과 번성을 그에게 주시며 그를 떠나거나 버리지 않고 함께 있을 것을 약속하셨다.

이 약속들이 성취되기 위한 조건은 무엇인가?

그에게 명령한 율법을 주야로 묵상하며 그 안에 기록된 대로 다 지켜 행하고 우로나 좌로나 치우치지 않으며, 자원하는 심령으로 행하는 것이다.

조건이 만족되지 않는다면 하나님이 주시겠다고 하신 약속의 성취를 기대할 수 없음을 기억하라!

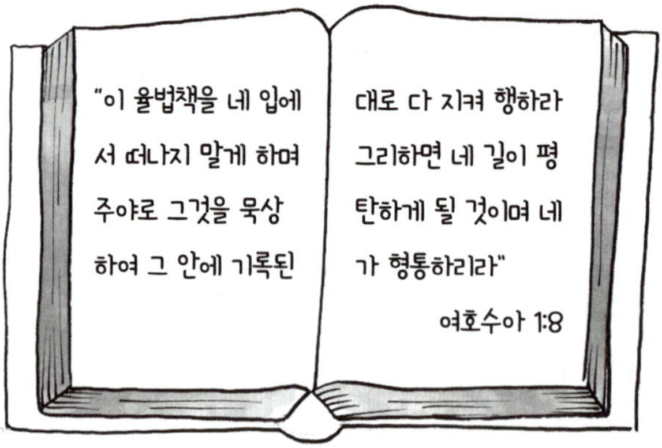

이 가운데 어떤 것을 당신의 생활에 적용할 수 있겠는가? 어떻게 적용할 것인가?

하나님께서 어떤 명령을 주시면 반드시 순종할 수 있는 길도 열어 주신다. 하나님은 모세 때에 홍해를 가르시고 이스라엘 백성이 건너게 하셨고 여호수아 때에는 요단강을 가르시고 건너가게 하셨다. 모세에게 신실하셨던 하나님은 여호수아에게도 신실하셨다(수 4:23).

2) 하나님이 여호수아에게 기도를 중지하라고 하신 이유는 무엇인가? (수 7:10)

이스라엘이 범죄 하였기 때문에 전쟁에서 패배했는데 여호수아는 영문도 모른 채 계속 하나님께 기도로 하소연만 하고 있었기 때문이다. 하나님께서는 여호수아에게 백성이 저지른 불순종을 바로잡도록 기도를 중지시키셨다.

(1) 시편 66:18은 기도에 대해서 우리에게 무엇을 가르쳐 주는가?

시편 66:18 내가 나의 마음에 죄악을 품었더라면 주께서 듣지 아니하시리라

나의 마음에 죄악을 품으면 주께서 나의 기도를 듣지 않으신다.

(2) 기도에 대한 시편의 가르침을 적용할 때 이스라엘이 아이 성에서 패배한 이유는 무엇인가? (수 7:1, 참고 민 32:23)

민수기 32:23 너희가 만일 그같이 아니하면 여호와께 범죄함이니 너희 죄가 반드시 너희를 찾아낼 줄 알라

여호와께 범죄하면 그 죄의 대가를 반드시 치러야 한다. 이스라엘 백성들은 약속의 땅에서 여호와께서 함께하시는 전쟁을 하는 중에도 여호와께 범죄했다. 위의 1)번에서 약속하신 복들을 기대할 수 없게 되었다. 그러므로 전쟁에 패배하게 된 것이다.

3) 죄가 없어진 뒤에는 어떤 일이 일어났는가? (수 8:1)

수 8:1 여호와께서 여호수아에게 이르시되 두려워하지 말라 놀라지 말라 군사를 다 거느리고 일어나 아이로 올라가라 보라 내가 아이 왕과 그의 백성과 그의 성읍과 그의 땅을 다 네 손에 넘겨 주었으니

하나님의 축복이 다시 회복되었다. 결국 패배의 수치를 씻고 다시 아이성 점령에 성공하게 되었다.

4) 여호수아가 죽기 전에 백성들에게 한 명령은 무엇인가? (수 23:6)

여호수아 23:6 그러므로 너희는 크게 힘써 모세의 율법 책에 기록된 것을 다 지켜 행하라 그것을 떠나 우로나 좌로나 치우치지 말라

백성들에게 크게 힘써 하나님의 율법을 다 지켜 행하고 그것을 떠나 우로나 좌로나 치우치지 말라고 명령했다. 위의 1)번에서 하나님이 여호수아에게 주신 원리를 이번에는 여호수아가 죽기 전에 백성들에게 주었다. 하나님의 이러한 원칙은 오늘날 우리에게도 그대로 적용됨을 기억하라!

5) 구원자로서 여호수아의 특징이 우리를 위한 그리스도의 사역을 어떻게 예시하는가?

여호수아는 그의 백성을 약속의 땅으로 인도했다. 또한 그 땅에서 하나님 없이 사는 경건하지 않은 백성을 몰아냈다. 예수 그리스도는 우리를 풍성한 삶을 살도록 인도하신다. 그리고 우리의 영적 대적을 물리치시고 세상과의 싸움과 우리의 육적 본성과의 싸움에서 승리하도록 우리를 도와주신다.

2 다윗과 용서

1) 사무엘상 24장, 사무엘하 5장, 12장에 기록된 사건들은 다윗의 성품을 잘 보여 준다. 이 세 장의 내용에서 다음과 같은 다윗의 특성들을 나타내는 구절들을 찾아보라.

복종 삼상 24:6, 8, 10, 12, 15, 22; 삼하 5:19-20, 23-25; 12:13, 23

신실함 삼상 24:11-13, 22; 삼하 5:19-20, 23-25; 12:13, 23

담대함 삼상 24:4, 8-15; 삼하 5:7, 17

하나님에 대한 신뢰 삼상 24:6, 10, 12, 15; 삼하 5:19-20, 23-24; 12:29

지도력 삼상 24:7, 20, 22; 삼하 5:1-5, 10, 20, 25; 12:29

정욕 삼하 12:4, 9

죄에 대한 통회 삼상 24:5; 삼하12:13

2) 다윗의 성품의 고결함은 위의 내용들 뿐 아니라 그의 생애의 많은 사건들 속에서 나타난다. 그는'하나님의 마음에 맞는 사람'이라고 불렸고, 믿음의 위인들 중에서도 높은 위치를 차지했다. 하나님 백성의 통치자로서 예수님의 명칭은'다윗의 자손'이었다. 그러나 다윗은 탁월한 영적 지도력과 지위에 맞지 않게 무서운 죄를 범했다. 어떻게 이러한 사람을 '하나님의 마음에 맞는 사람'의 모범으로 들 수 있을까?

무서운 죄를 지었음에도 어떻게 '하나님 마음에 맞는 사람'으로서 하나님 백성의 모범이 될 수 있었는지를 안다면, 성경적 믿음의 본질을 깨달은 것이다. 사무엘하 12장을 다시 읽고, 다윗이 그 당시에 기록했던 시편 32편과 51편도 함께 읽으라.

(분량이 많으면 삼하 12:1-14; 시편 32:1-5; 51: 1-4, 9-13, 17을 읽으라.)
(롬 4:1-8; 눅 7:36-50; 18:9-14도 참고하라. ; 또한 아래의 보충자료도 읽고 준비하라)

다윗은 비록 죄를 지었지만 그것을 진심으로 회개하고 그의 마음과 행동을 바꾸었으며, 온 마음을 다해 하나님을 섬겼다.

우리는 순종할 때 복을 받는다. 불순종한 것을 회개하면 하나님과 올바른 관계가 회복되며 구원의 즐거움을 되찾게 된다. 죄 고백 후에 감정을 의지하거나 감정의 변화를 기다려서는 안 되며 오직 "자기의 죄를 숨기는 자는 형통치 못하나 죄를 자복하고 버리는 자는 불쌍히 여김을 받으리라"는 잠언 28:13의 성경 말씀을 단순하게 믿음으로 받아들여야 한다.

3) 교회는 그리스도에 관해 무엇을 믿어야 하는가?

우리가 어떤 죄를 지었든 상관없이 하나님은 우리를 용서해 주실 것을 예시해 준다. 예수님은 간음한 여인을 용서해 주셨고 그를 십자가에 못 박는 자들을 용서하셨으며 십자가 위에 달린 강도를 용서해 주셨다. 또한 그분을 믿는 모든 자들을 용서해 주시기 위해 십자가에 달리셨다.

4) 왕으로서 그리고 제사장으로서 그리스도의 역할이 구원과 용서에 어떤 관련이 있는가?

왕으로서 그리스도는 우리를 구원할 능력과 인도할 지혜를 가지고 계신다.
제사장으로서 그리스도는 우리를 용서하시기 위해 그의 몸을 제물로 드리셨다.

[보충자료]

유대 달력은 3월에 한 해가 끝나는데, 이때는 봄이 되어 겨울에 멈췄던 전쟁을 다시 시작하곤 했다. 사무엘하 11:1에 보면 왕들이 전쟁에 참여하는 이때에 다윗왕은 예루살렘에 그대로 남아있었다는 것은 뭔가 잘못된 것이 있음을 암시한다.

시편 5:3; 63:1; 143:8을 보면 다윗이 성실하게 매일 이른 아침에 하나님을 만나며 주의 인도하심을 구했다고 말한다. 그러나 사무엘하 11:2에서 다윗은 아침 일찍 일어나지 않고 저녁쯤 늦게 일어나 발코니를 걷고 있다가 한 아름다운 여인을 보고 유혹을 받았다고 말한다. 다윗은 간음죄(삼하 11:4), 살인죄(삼하 11:15), 위선(삼하 11:25) 등의 죄를 지었다. 시편 32, 38, 51편은 인간이 잠깐 동안 죄악 속에서 즐길 수는 있으나, 하나님과 교제가 끊어지면 죄책감과 불안 속에서 비참하다는 사실을 말해 준다.

다윗은 죄를 고백하여 완전하게 용서받고 회복되었다.

(1) 다윗은 자신의 죄를 인정했다(삼하 12:13; 시 51:3).

(2) 구원의 기쁨을 다시 주시도록 기도했다(시 51:12).

(3) 하나님께 쓰임받기 위해서는 정결한 마음을 가져야 한다는 사실을 깨달았다.

다윗은 무서운 죄의 대가를 치렀다.

(1) 간음의 결과로 낳은 아이가 죽었다(삼하 12:18).

(2) 다윗의 아들들 중 암논은 간음죄를, 압살롬은 살인죄를 저질렀다(삼하 13:1-29).

(3) 압살롬은 반란을 일으키고 비참하게 죽임을 당했다(삼하 14-18장).

다윗은 죄를 완전하게 용서받았지만 죄의 대가를 치렀다. 마치 우리가 벽에 못을 박으면 이 못을 다시 빼도 벽에 흔적이 그대로 남는 것처럼, 죄는 완전히 용서받지만 죄의 흔적은 남게 된다. 따라서 죄의 유혹에 대해 끝까지 대항해야 한다.

적용

1. 이 과에서 당신에게 가장 의미 있는 것은 무엇인가?

2. 오늘날 당신이 다루어야 할 문제나 죄는 무엇인가?

3. 아래의 여호수아 24:3-13을 읽고 여기에 나오는 '내가'에 밑줄을 그어 하나님께서 이스라엘 백성을 위해 이루신 일들을 주목하라. 하나님께서 당신을 위해서 이루어 주시기 원하는 것은 무엇인가? 그 영역들에서 당신을 위해 역사해 주시도록 믿음으로 기도하라.

여호수아 24:3-13 3내가 너희의 조상 아브라함을 강 저쪽에서 이끌어 내어 가나안 온 땅
에 두루 행하게 하고 그의 씨를 번성하게 하려고 그에게 이삭을 주었으며 4이삭에게는 야
곱과 에서를 주었고 에서에게는 세일 산을 소유로 주었으나 야곱과 그의 자손들은 애굽으
로 내려갔으므로 5내가 모세와 아론을 보내었고 또 애굽에 재앙을 내렸나니 곧 내가 그들
가운데 행한 것과 같고 그 후에 너희를 인도하여 내었노라 6내가 너희의 조상들을 애굽에
서 인도하여 내어 바다에 이르게 한즉 애굽 사람들이 병거와 마병을 거느리고 너희의 조
상들을 홍해까지 쫓아오므로 7너희의 조상들이 나 여호와께 부르짖기로 내가 너희와 애굽
사람들 사이에 흑암을 두고 바다를 이끌어 그들을 덮었나니 내가 애굽에서 행한 일을 너
희의 눈이 보았으며 또 너희가 많은 날을 광야에서 거주하였느니라 8내가 또 너희를 인도
하여 요단 저쪽에 거주하는 아모리 족속의 땅으로 들어가게 하매 그들이 너희와 싸우기로
내가 그들을 너희 손에 넘겨주매 너희가 그 땅을 점령하였고 나는 그들을 너희 앞에서 멸

절시켰으며 9또한 모압 왕 십볼의 아들 발락이 일어나 이스라엘과 싸우더니 사람을 보내
어 브올의 아들 발람을 불러다가 너희를 저주하게 하려 하였으나10내가 발람을 위해 듣기
를 원하지 아니하였으므로 그가 오히려 너희를 축복하였고 나는 너희를 그의 손에서 건져
내었으며 11너희가 요단을 건너 여리고에 이른즉 여리고 주민들 곧 아모리 족속과 브리스
족속과 가나안 족속과 헷 족속과 기르가스 족속과 히위 족속과 여부스 족속이 너희와 싸
우기로 내가 그들을 너희의 손에 넘겨 주었으며 12내가 왕벌을 너희 앞에 보내어 그 아모
리 족속의 두 왕을 너희 앞에서 쫓아내게 하였나니 너희의 칼이나 너희의 활로써 이같이
한 것이 아니며 13내가 또 너희가 수고하지 아니한 땅과 너희가 건설하지 아니한 성읍들을
너희에게 주었더니 너희가 그 가운데에 거주하며 너희는 또 너희가 심지 아니한 포도원과
감람원의 열매를 먹는다 하셨느니라

4. 여호수아와 다윗의 태도와 당신의 태도를 비교해 보라.
더 경건한 삶을 살기 위해 그들로부터 배워야 할 것은 무엇인가?

외울 말씀 여호수아 1:9
내가 네게 명령한 것이 아니냐 강하고 담대하라 두려워하지 말며 놀라지 말라 네가 어디로 가든지 네 하나님 여호와가 너와 함께 하느니라 하시니라

읽을 말씀 여호수아 1, 23장; 사무엘하 12장

제7과

엘리야

성령의 능력의 사람

학 습 목 표 : 엘리야의 삶을 살펴봄으로 엘리야처럼 성령의 인도함을 받아 담대하고 능력 있게 하나님을 섬길 수 있다.

이스라엘의 왕들과 맞서 대항했던 선지자로 유명한 엘리야는 극적인 삶을 살았다. 그는 이스라엘에서 바알 숭배를 몰아내기 위해 노력했다. '이스라엘이 낳았던 위대하고도 열정적인 인물'인 엘리야는 성령의 인도하심을 받은 사람의 능력을 보여 준다.

그는 자신이 선언하지 않으면 비도 이슬도 내리지 않을 것이라고 아합 왕 앞에서 예언했다. 사르밧에서는 과부의 죽은 아들을 다시 살렸다(왕상 17:17-24). 갈멜산에서 그는 하늘로부터 불을 내리게 했다(왕상 18:16-46). 열왕기하 2:1-12은 엘리야가 옷으로 요단강을 쳤을 때 강이 갈라져 그와 엘리사가 함께 강을 마른 땅처럼 건너간 것을 기록하고 있다. 그때 엘리사가 보는 가운데 엘리야는 불수레를 타고 하늘로 올라갔다.

말라기를 통해서 하나님은 이스라엘에게 엘리야처럼 "아비의 마음을 자녀에게로 돌이키게 하고 자녀들의 마음을 그들의 아비에게도 돌이킬" 다른 선지자를 보내겠다고 약속하셨다(말 4:4-5). 이 예언은 세례요한을 통해 성취되었다. 누가는 한 천사가 세례요한의 아버지 스가랴에게 전해준 메시지를 기록하고 있다. "저가 또 엘리야의 심령과 능력으로 주 앞에 앞서 가서 아비의 마음을 자식에게, 거스리는 자를 의인의 슬기에 돌아오게 하고 주를 위하여 세운 백성을 예비하리라"(눅 1:17).

마태, 마가, 누가의 복음서들은 변화산에서 모세와 예수님과 더불어 엘리야가 나타난 것을 기록하고 있다. 엘리야가 성령으로 인도함을 받는 사람이라는 것은 의심의 여지가 없다. 그러나 그가 자신의 능력으로 기적을 행할 수 있었던 것은 아니다. 그의 능력의 열쇠는 바로 하나님과의 개인적인 관계였다.

선지자에게 능력을 주셨던 성령은 오늘날 하나님의 모든 자녀안에 거하신다. 예수님은 성령이 우리에게 임하시면 우리가 필요한 모든 능력을 얻게 될 것이고(행 1:8), 우리가 지상명령 성취를 도울 때 이 능력이 우리로 열매 맺는 전도자가 되게 할 것이라고 약속하셨다.

비록 우리가 하나님을 위해 놀라운 기적을 행하기를 원하다 할지라도 우리는 하나님과의 관계에 최우선 순위를 두어야 한다. 우리를 위한 그분의 계획과 목적을 전적으로 그리고 아무 조건 없이 따를 때에만 그분은 우리를 사용하실 수 있다.

1 엘리야

"엘리야의 삶을 이해하기 위해서 먼저 엘리야가 사역을 시작했을 때의 배경을 간단히 살펴보자. 아합 왕은 엣바알의 딸인 가나안 여인 이세벨을 아내로 맞았다. 아합 왕은 소심하고 연약하며 쉽게 굴복해 버리는 성격 때문에 이세벨에게 바알과 아세라의 우상숭배를 허용했다. 바알의 선지자들과 제사장들이 백성들 앞에서 임명되면서 여호와의 선지자들은 죽임을 당하거나 도망하여 동굴 속에 숨어 있었다. 여호와를 진정으로 섬기는 사람들은 하나도 남지 않고 다 죽임을 당하는 듯했다. 이세벨은 또한 전통적으로 여호와를 섬겨온 제사장 가문인 레위 족속을 추방한 후 모든 제사장을 잔인하게 죽이도록 아합 왕에게 간청했다. 이러한 때에 엘리야가 갑자기 아합 왕 앞에 나타나 왕이 하나님을 배신했기 때문에 여호와의 심판이 임할 것이라고 선언했다." – 〈Unger's Bible Dictionary〉, Chicago Moody Press, p. 302.

1) 열왕기상 17:1-7을 읽으라. 아래 진술들이 사실인지 아닌지 O/X로 표시하라.

O　비가 오지 않았던 것은 다음 세 가지 사항이 모두 요인이 된다고 한다.

① 하나님은 살아 계신다.

② 엘리야는 하나님 임재 가운데 살았다.

③ 엘리야는 담대히 아합 왕에게 하나님의 메시지를 전했다.

X　성경은 엘리야가 아합을 심판하도록 하나님께 간구했으며 비를 지배할 권한을 달라고 간절히 요청했다고 한다.

O　엘리야는 결과가 어떻게 될지 모르면서도 곧 바로 나타날 미래에 대한 명령에 복종했다.

X　엘리야는 그 계획이 불합리하다고 생각했고 주저했다.

2) 결과를 알 수 없다는 이유 때문에 당신이 순종하지 않았던 경험은 없었는가?

2 사르밧의 과부

1) 열왕기상 17:8-24을 읽으라. 아래 진술들이 사실인지 아닌지 O/X로 표시하라.

O 엄격하고도 묵묵한 순종이 엘리야의 특징이었다.

O 아들이 죽었을 때 과부는 죄로 인해 자신을 돌아보는 계기를 가졌다.

O 하나님은 우리가 위기에 처했을 때 믿음을 흔들리게 하는 죄책감을 우리 생활에서 제거하기를 원하신다.

O 하나님은 엘리사의 기도를 들어주셨으며 그것을 통해서 그가 하나님의 참 선지자임을 증명해 보여주셨다.

2) 엘리야가 가난한 과부에게 의존하도록 하는 믿음의 과정을 거치게 하신 것을 어떻게 생각하는가?(9절) 당신은 왜 하나님께서 우리를 그런 방법으로 단련시키신다고 생각하는가?

하나님은 우리가 하나님을 의존하기를 원하신다. 그리고 우리를 통하여 다른 사람이 섬김의 복을 받기를 원하신다.

3 아합 왕

1) 열왕기상 18:1-18을 읽으라. 아래 진술들이 사실인지 아닌지 O/X로 표시하라.

O 아합 왕은 자신의 가축을 염려했다.

O 그는 이스라엘에 비가 오지 않는 이유를 인정하기를 거절했다(17-18절).

O 엘리야는 이스라엘에 비가 오지 않는 문제의 근본 이유를 알았다(17-18절).

3년 반 동안 비가 오지 않자 마침내 사마리아에 곡식이 말라 죽어 무서운 기근이 일어났다. 엘리야는 이스라엘에 돌아와 아합 왕이 여전히 회개하지 않고, 이세벨이 우상을 숭배하며, 바알 선지자들이 백성을 속이고 있는 것을 보았다.

엘리야는 먼저 하나님의 참된 종이며 아합 왕의 대신인 오바댜를 만나 왕에게 자기가 돌아왔다는 것을 알리도록 부탁했다. 엘리야를 만나 평소에 가졌던 두려움이 사라진 오바댜는 그 부탁을 수락했다.

아합 왕과 엘리야의 대화는 왕의 질문으로부터 시작된다. "이스라엘을 괴롭게 하는 자가 바로 너냐?" 엘리야가 서슴지 않고 대답하기를, "이스라엘을 괴롭게 한 것은 내가 아니라, 당신과 당신의 아비의 집이다. 당신이 여호와의 명령을 버리고 바알들을 좇았기 때문이라"고 말했다.

2) 당신이 문제의 원인이었으면서도 인정하지 않았던 때를 적어보라. 그 결과는 무엇이었는가?

3) 우리는 죄를 어떻게 피할 수 있을까? (잠 3:5-6)

> 잠 3:5-6 5너는 마음을 다하여 여호와를 신뢰하고 네 명철을 의지하지 말라 6너는 범사에 그를 인정하라 그리하면 네 길을 지도하시리라

하나님을 의지하고, 우리가 바른 길로 가도록 하나님이 계속 도우신다는 것을 인정해야 한다.

4 바알의 선지자

1) 열왕기상 18:18-40을 읽으라. 엘리야가 아래의 것들을 했던 구절을 적으라.

22절	백성들이 타협하는 것을 책망했다.
24절	하나님의 원수들에게 시합하자고 도전했다.
27절	비꼬는 말로 그들을 나무랐다.
33-34절	제물에 물을 쏟아 부으라고 명령했다.
36절	백성들이 여호와가 하나님이심을 알도록 해달라고 기도했다.
40절	바알 선지자들을 죽이도록 명령했다.

엘리야는 갈멜산 위에 백성을 모아 어느 신이 참 하나님인지를 결판내자고 도전했다. 엘리야의 속셈을 알지 못하는 아합 왕은 이 제안을 받아들였으며 백성들도 동의했다. 그들에게 모든 유리한 조건을 베푼 후 엘리야는 바알을 위한 제단과 여호와를 위한 제단을 만들고 그 위에 각각 송아지를 잡아 올려놓게 했다. 불을

붙이지 않고 하늘에서 불을 내려 제단 위의 제물을 태우는 신이 참 하나님이므로 그를 따르고 섬겨야 한다고 했다.

바알의 선지자들이 먼저 제사를 지냈다. 하루 종일 바알 선지자들은 바알을 부르고, 제단 주위에서 뛰고 자신의 몸에 상처를 내어 피가 흐르게 하였지만 아무 소리도 없고 아무 일도 일어나지 않았다. 제물은 차갑게 굳어져 있었다.

그 다음에 엘리야가 무너진 여호와의 단을 다시 쌓아 그 위에 송아지를 얹고 그 제물 위에 도랑이 넘치도록 물을 붓고 기도하기를, "아브라함과 이삭과 이스라엘의 하나님 여호와여 주께서 이스라엘 중에서 하나님이신 것과 내가 주의 종인 것과 내가 주의 말씀대로 이 모든 일을 행하는 것을 오늘 알게 하옵소서"(왕상 18:36) 하였더니 여호와의 불이 내려서 번제물과 나무와 돌과 흙을 태우고 또 도랑의 물을 핥았다. 백성들은 하나님이 살아 계심을 보고 한 목소리로 '여호와 그는 하나님이시로다! 여호와 그는 하나님이시로다!'라고 외쳤다.

2) 이 사건이 오늘날 어떻게 적용될 수 있는가?

우리는 하나님의 능력을 세상 속 우리가 살고 있는 영역에서 나타낼 수 있다.

3) 열왕기상 18:36에 엘리야가 드린 기도가 나온다. 그는 어떤 기도를 드렸는가? 그의 기도를 어떻게 생각하는지 토론해 보라.

열왕기상 18:36 저녁 소제 드릴 때에 이르러 선지자 엘리야가 나아가서 말하되 아브라함과 이삭과 이스라엘의 하나님 여호와여 주께서 이스라엘 중에서 하나님이신 것과 내가 주의 종인 것과 내가 주의 말씀대로 이 모든 일을 행하는 것을 오늘 알게 하옵소서

엘리야는 여호와가 하나님이신 것을 알게 해주시고 자신이 여호와의 종이요 자신이 하는 모든 일은 하나님의 말씀대로 행하는 것임을 사람들이 알게 해달라고 기도했다. 그는 자신이 하나님의 종이라는 확신을 가졌을 뿐 아니라 자신이 하는 일이 다 하나님이 자신을 통해서 하시는 것이라는 확신이 있었다. 그리고 사람들에게 이것이 알려지기를 원했다. 이러한 엘리야의 기도는 성령이 인도하는 삶의 모습을 잘 보여 준다.

엘리야는 숭고한 인격의 소유자였다. 하나님에 대한 그의 믿음은 크고 절대적이었다. 하나님을 향해 목숨을 건 결심을 했던 것이다. 그러므로 그는 "내가 만군의 하나님 여호와께 열심이 유별하오니"(왕상 19:14) 라고 말할 수 있었다.

어떤 위험도 어려움도 인간의 의무도 그의 확신을 흔들어 놓지 못했다. 주를 위한 수고는 어떤 것도 지나치지 않다.

그는 왕 앞이나 기근이나 어떤 경우에도 겁내지 않는 사람이었다. 그의 순종은 어린 아이처럼 단순했다. 그의 영혼은 유순하여 아이를 잃은 과부의 슬픔을 함께 나누었고, 그 사람의 슬픔에 울음을 감추지 못했다. 의와 죄에 대해 철저했고, 일단 하나님의 명령이 떨어지면 불같았다. 한편, 그는 은둔자의 기질을 가지고 있었다. 사람들 앞에 나타나 하나님의 말씀을 전달하고 기적으로 그것을 증명한 후, 다시 사람들의 시야로부터 사라졌다.

적용

1. 이 과에서 당신에게 가장 의미 있는 것은 무엇인가?

2. 엘리야는 하나님과 어떤 관계를 갖고 있었는지 설명해 보라. 그리고 하나님과 당신의 관계와 당신의 능력을 엘리야의 것과 비교해 보라.

   엘리야는 하나님께 순종했고 하나님은 그가 하나님의 능력으로 일하기를 원하셨다. 그는 하나님을 의지했고 자신을 통해 하나님이 일하고 계심을 알리기 원했다. 또한 그 삶을 위해 과감하게 하나님께 기도로 요청했다.

3. 하나님의 능력이 당신을 통하여 다른 사람들에게 어떻게 나타났는가? 또한 어떻게 나타나기를 원하는가?
   당신은 엘리야와 같은 기도를 감히 드리기를 원하는가?

4. 당신이 바라는 하나님의 능력을 경험하기 위해서 당신의 삶에 어떤 변화가 필요하다고 생각하는가?

외울 말씀 열왕기상 18:21

엘리야가 모든 백성에게 가까이 나아가 이르되 너희가 어느 때까지 둘 사이에서 머뭇머뭇 하려느냐 여호와가 만일 하나님이면 그를 따르고 바알이 만일 하나님이면 그를 따를지니라 하니 백성이 말 한마디도 대답하지 아니하는지라

읽을 말씀 열왕기상 17-18장

제8과

예레미야
고독한 예언자

학 습 목 표 : 낙심되는 상황 가운데서도 신실하게 하나님을 섬길 수 있다.

만일 당신이 집이나 학교나 사무실에서 그리스도를 증거하기 힘들다고 생각하면 예레미야서를 공부하며 교훈과 격려를 받으라.

예레미야는 인내하는 예언자였다. 그는 삶에서 수많은 공격을 받았음에도 불구하고 하나님의 신실한 메신저로 활동했다. 그의 대적들은 그의 예언의 진정성에 대해서 공격했다. 그는 종교적 정치적 권위가 무너져가는 시대에 살았다. 그는 유다가 바벨론 제국에 항복해야 한다고 권고했고 유다 백성들이 가장 미워했던 대적인 느부갓네살을 "주의 종"이라고 불렀다(렘 25:9; 27:6). 더구나 그는 그의 동료들에게 대적에게 항복하라고 설득했고, 반역죄로 고소를 당했다.

때때로 그는 자신의 사역의 비참함에 대해서 하나님께 불평했다. 그러나 이스라엘의 타락한 상황에 대한 슬픔과 끊임없이 부딪치는 어려움에도 불구하고 끝까지 하나님의 말씀을 신실하게 증거 했다. 너무나 울어서 그는 "눈물의 선지자"라는 별칭도 얻었다.

많은 그리스도인들이 하나님의 일에 오랜 기간 헌신하는 것을 어려워한다. 그러나 예레미야는 수많은 어려움에도 불구하고 자신의 일을 끝까지 수행하는 것에 좋은 모범이 된다. 예레미야처럼 우리도 기꺼이 수많은 반대 속에서도 홀로 서서 하나님의 말씀을 선포하고 신실하게 하나님의 말씀에 순종해야 한다.

1 예레미야의 소명

예레미야 1:1–10을 읽으라.

1) 당신은 그리스도를 전하라는 성경 말씀을 대할 때 '나는 할 수 없어! 한 번도 훈련받은 적이 없는데 어떻게 해.'라고 생각해 본 적이 있는가? 예레미야는 어떻게 말했는가?(렘 1:6)

"나는 아이라 말할 줄을 알지 못하나이다" 나는 미성숙하여 어떻게 말해야 할지 모릅니다.

2) 하나님은 예레미야에게 무엇을 약속해 주셨는가? 효과적으로 전도하려면 할 말이 있어야 한다. 우리는 어디에서 그 말을 받게 되는가? (렘 1:6–10)

예레미야 1:6–10 6내가 이르되 슬프도소이다 주 여호와여 보소서 나는 아이라 말할 줄을
알지 못하나이다 하니 7여호와께서 내게 이르시되 너는 아이라 말하지 말고 내가 너를
누구에게 보내든지 너는 가며 내가 네게 무엇을 명령하든지 너는 말할지니라 8너는 그들
때문에 두려워하지 말라 내가 너와 함께 하여 너를 구원하리라 나 여호와의 말이니라 하시고
9여호와께서 그의 손을 내밀어 내 입에 대시며 여호와께서 내게 이르시되 보라 내가 내 말을
네 입에 두었노라 10보라 내가 오늘 너를 여러 나라와 여러 왕국 위에 세워 네가 그것들을 뽑고
파괴하며 파멸하고 넘어뜨리며 건설하고 심게 하였느니라 하시니라

하나님께서는 예레미야에게 두려워하지 말고 하나님이 보내는 자에게 가며 하나님이 명령하시는 것을 말하라고 하신다. 즉, 하나님은 예레미야 자신의 말보다는 하나님의 말씀을 그대로 전하는 것을 더 원하신다. 마찬가지로 하나님께서는 전달하기 원하시는 내용을 우리에게 가르쳐 주실 것이다. 내 말이 아니라 그분의 말을 전하는 것이 우리의 사명이다.

오늘날 하나님께서는 우리에게 어떻게 할 말을 가르쳐주시는가? (마 10:18-20; 엡 5:17-18)

마태복음 10:18-20 18또 너희가 나로 말미암아 총독들과 임금들 앞에 끌려 가리니 이는 그들과
이방인들에게 증거가 되게 하려 하심이라 19너희를 넘겨 줄 때에 어떻게 또는 무엇을 말할까
염려하지 말라 그 때에 너희에게 할 말을 주시리니 20말하는 이는 너희가 아니라 너희 속에서
말씀하시는 이 곧 너희 아버지의 성령이시니라

에베소서 5:17-18 17그러므로 어리석은 자가 되지 말고 오직 주의 뜻이 무엇인가 이해하라
18술 취하지 말라 이는 방탕한 것이니 오직 성령으로 충만함을 받으라

하나님께서 성령을 통하여 우리에게 할 말을 가르쳐주실 것이다.

만일 하나님의 말씀이 우리 마음에 있고 우리가 성령의 지배를 받는다면, 성령께서 우리가 모든 사람에게 알맞은 대답을 하도록 할 말을 주실 것이다(요 14:26; 골 4:5-6).

3) 예레미야가 받았던 강렬한 박해가 우리나라에는 별로 없지만 세계 여러 곳에서는 많이 일어나고 있다. 다음의 구절들이 우리가 직면하는 상황들을 극복하도록 어떻게 도울 수 있을까? (렘 1:8, 18-19)

예레미야 1:8 너는 그들 때문에 두려워하지 말라 내가 너와 함께 하여 너를 구원하리라 나 여호와의 말이니라 하시고

예레미야 1:18-19 [18]보라 내가 오늘 너를 그 온 땅과 유다 왕들과 그 지도자들과 그 제사장들과 그 땅 백성 앞에 견고한 성읍, 쇠기둥, 놋성벽이 되게 하였은즉 [19]그들이 너를 치나 너를 이기지 못하리니 이는 내가 너와 함께 하여 너를 구원할 것임이니라 여호와의 말이니라

하나님께서 우리와 함께 하시고 우리를 구하시겠다고 약속하셨음을 기억하라.

2 예레미야의 체포와 기도

예레미야 19:14-15를 읽으라. 14절을 보면, 예레미야가 말한 내용뿐 아니라 그 장소와 대상도 하나님의 직접적인 인도하심을 받았음을 알 수 있다. 이것이 예레미야가 효율적으로 사역했던 비결 중 하나이다. 그 비결은 하나님의 성령으로 충만한 것이다. 하나님은 우리를 인도하셔서 그분이 말씀하시기 원하는 사람들에게로 나아가게 하실 것이다. 결과적으로 성령 충만한 그리스도인들은 주어진 모든 기회에 사람들에게 그들의 믿음을 전한다. 사도 바울은 골로새서 1:28에서 "우리는 가는 곳마다 들으려고 하는 모든 사람들에게 그리스도를 전한다."고 기록하고 있다.

예레미야 19:14-15 [14]예레미야가 여호와께서 자기를 보내사 예언하게 하신 도벳에서 돌아와 여호와의 집 뜰에 서서 모든 백성에게 말하되 [15]만군의 여호와 이스라엘의 하나님께서 이와 같이 말씀하시되 보라 내가 이 성읍에 대하여 선언한 모든 재앙을 이 성읍과 그 모든 촌락에 내리리니 이는 그들의 목을 곧게 하여 내 말을 듣지 아니함이라 하시니라

(참고 : '이 성읍'은 수도인 예루살렘을 가리킨다.)

15절은 당시 사람들이 싫어했던 예레미야의 메시지의 요약이다. 수도인 예루살렘에 대한 정죄, 바벨론 군대가 이 도시를 파괴할 것이라는 예언, 하나님이 원수 편에 서셨으니 바벨론에게 항복하고 멸망의 공포를 피할 것을 그는 백성들에게 권고했다.

예레미야 20장을 읽으라.

1) 사람들이 예레미야에게 가한 형벌이 예레미야의 증거에 어떤 영향을 미쳤는가? (렘 20:1-6) 또한 예레미야를 괴롭힌 바스훌은 어떤 형벌을 받게되었는가?

증거의 내용이 더 확실하고 더 특별하게 되었다.

4-6절의 내용이 바스훌이 받은 형벌이다.

참고 : 마골밋사빕이라는 뜻은 '두려움이 사방에 있다' (terror on every side)는 의미이다.

주위에 돕는 이가 없이 홀로 하나님과 동행할 때 예레미야로부터 얻는 교훈들은 무엇인가?

· 하나님의 성실하심(애 3:22-23)
· 고통을 극복케 하시는 하나님의 자비(시 103:17-18)
· 인간의 연약함에 대한 하나님의 은혜(고후 12:9-10)
· 사람보다 하나님을 신뢰함(히 10:35-36)
· 주님을 더 알고 사랑하게 되는 깊은 교제(렘 24:7)

2) 예레미야서에는 한 단락이 갑작스럽게 삽입되는 예가 전체적으로 나타난다. 20:7-18도 그중의 한 예로 예레미야가 기도한 내용이다. 이 기도는 공중 앞에서 두려움 없이 말씀을 선포했던 예레미야에 대해서 무엇을 말해주는가?

예레미야 선지자도 속으로는 두려웠고 비참하게 느꼈다. 그는 심지어 태어나지 않았으면 좋았을 것이라고 생각했다. 그의 메시지 때문에 그는 날마다 사람들의 조롱거리가 되었기 때문이다. 심지어 그의 친구들조차도 그가 실족하기를 바랐다. 예레미야는 한마디로 국가적 "왕따" 였다.

예레미야의 기도의 예는 그가 능력 있는 주님의 증인이었지만, 내적인 두려움과 의심이 있었고 그것들을 기도로 해결해야 한다는 사실을 말해준다. 사실, 그는 자신의 무능력함과 아울러 하나님의 무한한 능력을 잘 알고 있었다. 그는 아무것도 숨기지 않고 살아 계신 하나님 앞에 자신을 완전히 열어 놓았다. 그는 하나님 안에 거했다. 마치 폭풍우 속의 나뭇가지들이 줄기에 의지하고 있듯이 그는 주님께 모든 것을 의탁하였다(요 15:4-5). 그가 두려움 없이 많은 사람 앞에서 설 수 있었던 이유는 개인적인 깊은 기도를 통해 그 두려움을 극복했기 때문이다(참고, 빌 4:6-7; 벧전 5:7).

3) 그의 메시지가 계속 거부를 당하자 그가 생각한 것은 무엇인가? (20:8-9)

말하지 않고 선포하지 않겠다고 생각했다.

그런데 예레미야는 왜 자신의 생각을 실천하지 못했는가?

마음이 불붙는 것 같고 골수에 사무쳐서 답답하여 말하지 않고는 견딜 수 없었기 때문이다.

4) 그의 원수들은 예레미야를 어떻게 이길 수 있다고 생각했는가? (렘 20:10)

예레미야 20:10 나는 무리의 비방과 사방이 두려워함을 들었나이다 그들이 이르기를 고소하라 우리도 고소하리라 하오며 내 친한 벗도 다 내가 실족하기를 기다리며 그가 혹시 유혹을 받게 되면 우리가 그를 이기어 우리 원수를 갚자 하나이다

고소하고, 거짓으로 속여 유혹하여 타락하기를 기다렸다.

5) 어떤 생각이 그의 확신을 회복시켜 주었는가? (렘 20:11)

> 예레미야 20:11 그러하오나 여호와는 두려운 용사 같으시며 나와 함께 하시므로 나를 박해하는 자들이 넘어지고 이기지 못할 것이오며 그들은 지혜롭게 행하지 못하므로 큰 치욕을 당하오리니 그 치욕은 길이 잊지 못할 것이니이다

힘센 용사 같은 여호와께서 그와 함께 계신다. 그러므로 여호와께서 모든 박해하는 자들을 물리쳐 주실 것이라는 확신을 가졌다.

6) 예레미야의 태도와 주님을 전하면서 당신이 경험한 것과 어떻게 관련지을 수 있을까? 예레미야의 본이 당신에게 어떤 도움이 되는가?

3 예레미야의 예언

예레미야 21장을 읽으라.

1) 예레미야가 하나님께 순종하는 데에 그의 실망감과 좌절감이 어떤 영향을 끼쳤다고 생각하는가?

예레미야는 때때로 괴로웠지만 그 어떤 괴로움도 그가 하나님께 순종하는 것을 막지는 못했다.

2) 왕이 위로와 국가의 안전을 보장해 달라는 기도를 요청했을 때 예레미야는 어떻게 반응했는가? (21:1-7)

하나님이 진노와 분노와 대노로 이스라엘을 대항하여 싸우실 것이고. 그들은 원수의 손에 넘겨질 것이며 칼날에 죽게 될 것이라는 하나님의 말씀을 그대로 전했다. 하나님께 진실하며 바른 양심은 환란 속에서도 평안의 근원이 된다.

(참고: 21:1절의 바스훌은 20장의 바스훌과 동일 인물이 아님.)

3) 예레미야는 그 청중들이 어떤 결단을 해야 한다고 선언했는가? (21:8-14)

너희 앞에 생명의 길과 사망의 길이 있으므로 선택해야 한다. 갈대아인에게 나가서 항복하면 살게 되고 싸우면 죽게 될 것이다.

우리는 하나님이 어려움들을 해결해주시기 때문이 아니라 예레미야처럼, '그리스도의 사랑이 우리를 강권하시기에'(고후 5:14) 충성스런 주의 일꾼이 된다. 우리가 받은 것은 인간적 성공을 훨씬 초월하는 것이다. 예레미야는 하나님과 인격적인 관계를 가지고 있었으며, 낙심할 수밖에 없는 상황에서도 자신의 감정에 따라 살지 않고 그가 사랑하는 주님께 순종하는 원칙을 따라 살았다. 고난은 우리 삶에 깊은 의미와 교훈을 가르쳐준다.

다음은 고난에 대한 로버트슨 맥도날드의 글과 저자 미상의 시이다.

"사람들은 고난이 없이는 사랑을 배우지 못합니다. 고난을 두려워하고 피하려는 사람은 지혜롭지 못합니다. 상처받는 것이 두려워 피하는 것은 어리석은 것입니다. 고통스런 일을 통해 능력이 탄생하며, 창조가 완성되며 죄인들이 구원을 받습니다. 그 탄생과 완성과 구원은 다른 방법으로는 도저히 얻을 수 없습니다." – 제임스 더글라스 로버트슨(Robertson, J. D.), Handbook of Preaching Resources from English Literature, 맥밀란 출판사, 1962, p.222.

내가 당한 쓰라린 일들로 인해 주님께 감사합니다.
그 쓰라림은 나를 은혜의 장소로 인도해 준 친구이며,
안이한 길에서 폭풍우 가운데 피난처로 나를 몰고 갑니다.
나를 실망시킨 친구들로 인해서도 주님께 감사하니,
그 실망은 나를 구주의 발 아래로 인도하여
내 마음이 흡족히 주의 사랑을 맛보게 하기 때문입니다.
누구도 만족시켜주지 못하는 모든 길목에서도 주님께 감사하니,
참으로 주 안에서만 내가 풍성함과 부유함을 발견하기 때문입니다!

–작자 미상–

[보충자료]

* **예레미야에 대하여**

유다의 요시야 왕 13년에 예레미야는 선지자 사역을 시작했다(B.C. 626). 유다는 멸망해가는 앗수르, 강성해지는 바벨론, 야망에 찬 애굽 사이에서 투쟁하고 있었다. 예레미야는 유다의 죄악을 벌하기 위해 하나님께서 바벨론을 도구로 사용하신다는 것과 애굽이 바벨론에게 패배할 것을 알고 있었다.

예레미야가 선지자 사역을 시작할 때 용기를 북돋우어 주는 두 가지 사건이 일어났다. B.C. 621년에 요시야 왕이 우상과 부정을 척결하는 종교개혁을 시작했다. 나라 전체에 영적 부흥이 일어났고 예레미야는 바벨론의 침략을 피하기 위해서는 오직 회개하는 길밖에 없다고 선포했다.

당시의 다른 선지자들도 예레미야와 같은 예언을 하였다. 스바냐(B.C. 640-621)와 하박국(B.C. 625-608)도 회개하지 않으면 바벨론에게 멸망할 것이라고 외쳤다. 유다를 침략한 에돔이(예레미야 시대 이전) 하나님의 심판을 받을 것이라고 오바댜가 예언했으며 나훔은 앗수르와 수도 니느웨가 멸망할 것을 예언했다.

B.C. 626년에서 586년 사이의 40년 동안 예레미야는 충실하게 하나님의 사역을 수행했다. 수십 년 전에 이사야가 예루살렘에서 선지자 사역을 했다. 이사야의 사역으로 앗수르 왕 산헤립이 주의 사자에게 포위당하고 군사 183,000명이 하룻밤에 전멸되었다(왕하 19:35). 이때가 B.C. 701년이었다. 북 왕국 이스라엘은 앗수르에 의해 멸망당해 대부분의 백성들이 추방되었다. 이제 바벨론의 심판의 칼이 예루살렘까지 위협했다. 유다가 이스라엘의 전철을 밟아 우상숭배와 죄악의 길을 걸음으로 결국 B.C. 597년에 유다 왕 여호야김이 바벨론 왕 느부갓네살에게 항복하고 여호야김과 많은 백성들이 바벨론 포로로 잡혀갔다. B.C. 586년 느부갓네살 왕은 자신이 여호야김의 후계자로 세운 시드기야가 애굽과 조약을 맺었다는 이유로 예루살렘을 포위하고 함락시켰다. 극빈자들을 제외한 모든 백성이 바벨론의 포로로 끌려갔다(렘 29:4-10).

한 가지 의문점은 예레미야의 초기 사역 기간 동안 모든 백성들이 하나님의 말씀을 듣고 순종했는데 어떻게 그 나라가 그토록 속히 멸망하게 되었는가 하는 점이다. 열왕기하 23:28-30과 역대하 35:20-27을 보면 그 이유를 알 수 있다. 마지막 영적인 왕이었던 요시야가 애굽 왕 바로 느고를 공격하다가(대하 3:22) 목숨을 잃었다. 그가 죽자 왕위는 제대로 계승되지 못했고, 위대한 개혁은 쇠퇴했으며, 예레미야의 예언을 거부하는 사악한 왕들이 뒤를 잇게 되었다.

예레미야를 눈물의 선지자라고 부른다(렘 9:1, 10; 14:17). 예레미야 2-20장을 보면 그의 예언은 항상 거부당했고 심지어 그가 경고했던 예루살렘의 멸망 후에도 사람들은 그의 예언을 받아들이지 않았다. 그는 예루살렘이 포위당하기 전, 포위당하여 항복했을 때, 그리고 함락된 이후에도 유대의 남은 백성들에게 회개를 촉구했다. 그러나 그 백성들은 예레미야가 전하는 하나님의 말씀을 듣지 않고 애굽으로 도망갔으며 예레미야도 데리고 갔다.

그는 유대인들과 함께 고난을 받으며 살다가, 전설에 의하면 5년 후 애굽의 다바네스에서 유대인들에게 돌에 맞아 죽었다고 한다. 하나님과 동등 됨을 취할 것으로 여기지 아니하고 오히려 자기를 비어 종의 형체를 가져 죽기까지 복종하신 그리스도(빌 2:5-11)와 얼마나 유사한 모습인가! 이것은 디모데후서 4:16-18에 나타난 바울의 삶과도 일맥상통한다.

예레미야는 유다의 예언자들과 포로기간의 예언자들(다니엘, 에스겔)을 연결시켜주는 다리 역할을 했다. 그는 70년간의 바벨론 포로 생활 후 이스라엘 백성이 다시 가나안 땅에 돌아올 것을 예언하여(렘 23:6; 50:1-10) 다니엘에게 영감을 주었다. 다니엘이 그 예언을 읽고 기도하기 시작하였고(단 9:2), 기도하는 중 그는 유명한 '70이레의 환상'을 보았다. 그 환상은 그리스도가 오셔서 속죄를 완성하시고 통치하심에 대한 내용이다. 예레미야는 그 당시 주위의 격려나 위로나 교제함도 없이 외롭게 선지자의 일을 하였고 다니엘과 다른 선지자들 그리고 현재 우리들에게까지 영감을 주고 있다.

적용

1. 이 과에서 당신에게 가장 의미 있는 것은 무엇인가?

2. 다음 도표에 당신이 현재 겪고 있는 낙담되는 상황들과 또 예레미야의 생애를 통해 배운 것들 중에 이 상황들을 잘 대처하도록 도와주었던 교훈들을 적어보라.

낙담되는 상황들	예레미야로부터 배운 교훈

외울 말씀 예레미야 23:29
여호와의 말씀이니라 내 말이 불 같지 아니하냐 바위를 쳐서 부스러뜨리는
방망이 같지 아니하냐

읽을 말씀 예레미야 1, 20, 21장

제9과

성막의 영적 비밀

학 습 목 표 : 성막이 어떻게 그리스도의 사역을 나타내는지를 이해할 수 있다.

구약시대의 하나님의 지상 거처는 성막이었다. 물론 하나님은 어떤 한 장소에 제한을 받지 않으시지만, 성막은 하나님이 대제사장을 만나시는 장소였다. 성막과 그 기물들은 우리에게 많은 교훈을 준다. 아래 그림을 잘 살펴보면, 성막의 넓은 뜰, 성소, 지성소, 이 세 개의 영역을 볼 수 있다. 각 영역은 커튼으로 가려져 있다. 이스라엘 백성이 약속의 땅에 정착한 후 솔로몬이 성전을 지었을 때, 그는 조심스럽게 하나님의 지시를 따라 성전의 내부를 성막과 같은 모양으로 만들었다.

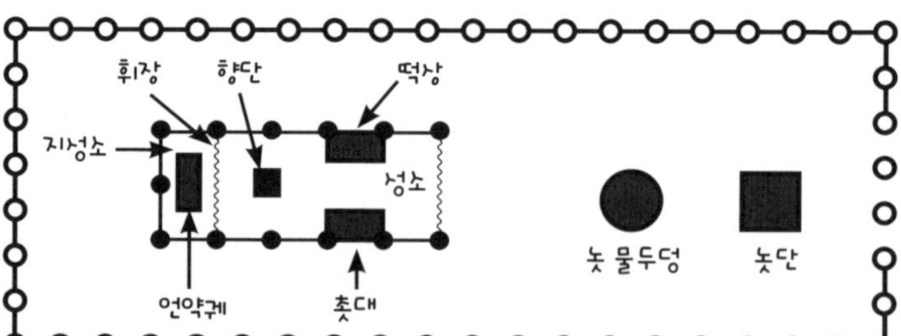

성막의 기구들을 살펴보자. 첫 번째는 희생과 속죄를 위해 사용되어진 놋 단이다. 그 다음은 대제사장이 손과 발을 씻는데 사용된 물두멍이 있다. 그리고 성소로 들어섰을 때 오른쪽에 떡 상과 왼쪽에 촛대가 놓여 있다. 앞쪽 정면에는 향단이 있다. 이 향단 너머에는 대제사장 외에는 어느 누구도 지성소를 볼 수 없도록 휘장으로 막아 놓았다. 지성소에는 하나님의 임재의 상징인 언약궤가 있다.

이 과를 공부할 때 하나님께서 예배와 제사뿐만 아니라 그가 세상에 보내신 아들을 예시하기 위해서 이 장막을 어떻게 준비하셨는지 알게 될 것이다.

1 성막의 기구들

출애굽기 25-27장을 읽으라.

1) 놋 단

(1) 출애굽기 29:36-37을 읽고 놋 단이 어떻게 사용되었는지 적어보라.

> 출애굽기 29:36-37 36매일 수송아지 하나로 속죄하기 위하여 속죄제를 드리며 또 제단을
> 위하여 속죄하여 깨끗하게 하고 그것에 기름을 부어 거룩하게 하라 37너는 이레 동안 제단을
> 위하여 속죄하여 거룩하게 하라 그리하면 지극히 거룩한 제단이 되리니 제단에 접촉하는 모든
> 것이 거룩하리라

제사장이 죄를 정결하게 하기 위해서 단 위에서 제물을 태웠다.

(2) 놋 단을 왜 출입구 바로 앞에 두었다고 생각하는가?

누구든지 하나님께 나아오기 전에 반드시 죄로부터 정결함을 받기 위하여 제물을 드려야 했다.

(3) 히브리서 13:10-16을 읽으라. 놋 단은 그리스도의 희생을 어떻게 반영하는가?

히브리서 13:10-16 10우리에게 제단이 있는데 장막에서 섬기는 자들은 그 제단에서 먹을
권한이 없나니 11이는 죄를 위한 짐승의 피는 대제사장이 가지고 성소에 들어가고 그 육체는
영문 밖에서 불사름이라 12그러므로 예수도 자기 피로써 백성을 거룩하게 하려고 성문 밖에서
고난을 받으셨느니라 13그런즉 우리도 그의 치욕을 짊어지고 영문 밖으로 그에게 나아가자
14우리가 여기에는 영구한 도성이 없으므로 장차 올 것을 찾나니 15그러므로 우리는 예수로
말미암아 항상 찬송의 제사를 하나님께 드리자 이는 그 이름을 증언하는 입술의 열매니라
16 오직 선을 행함과 서로 나누어 주기를 잊지 말라 하나님은 이같은 제사를 기뻐하시느니라

제사장이 백성을 위해 속죄 제사를 드렸던 것처럼 예수께서는 세상의 죄를 위한 완전한 제물로 자신을 드렸다. (10절의 제단은 예수그리스도의 희생을 일컫는 비유적인 표현이다.)

(4) 히브리서 13:10-16에 따르면 우리는 어떤 제사를 드려야 하는가?

예수님께서 모든 죄를 해결하셨으므로 우리는 더 이상 구약시대처럼 짐승으로 제사를 드릴 필요가 없다. 대신 우리는 예수 그리스도를 주신 하나님께 찬송의 제사를 드려야 한다. 이 찬송의 제사는 하나님의 이름을 증언하는 입술의 열매이다. 또한 우리가 드려야 할 제사는 다른 사람들에게 선을 행해야 하며 서로 나누어 주기를 잊지 말아야 한다. 하나님께서는 이러한 제사를 원하시고 기뻐하신다.

성경은 성막을 하나님의 거하시는 곳이라고 말한다. 하나님께서 이곳에서 상징적으로 실제적으로 사람을 만나셨기 때문이다. 상징적으로는 성막의 기구들과 제사의식을 통해서 하나님 자신을 나타내 보이셨고, 실제적으로는 성막을 둘러싼 구름을 통해 나타내셨다.

제사장들은 하루에 두 번 흠 없는 양의 피와 고기 등을 제단 위에서 불살랐다. 이 희생제물은 성 밖으로 가져가지 못하고 완전히 불태워야 했다. 이것은 예수님이 예루살렘 밖 골고다에서 죽으신 수치스런 죽음을 상징한다.

예수님의 희생은 실제로 죄를 완전히 해결하는 유일한 제사이다. 제사장이 놋단에서 드린 희생제사는 그리스도가 십자가에서 모든 죄를 씻으신 "한 영원한 제사"(히 7:26-28; 10:11-18)를 예시하는 것이다.

2) 놋 물두멍

(1) 출애굽기 30:18-21을 읽고 놋 물두멍과 그 용도를 설명해 보라.

출애굽기 30:18-21 [18]너는 물두멍을 놋으로 만들고 그 받침도 놋으로 만들어 씻게 하되 그것을 회막과 제단 사이에 두고 그 속에 물을 담으라 [19]아론과 그의 아들들이 그 두멍에서 수족을 씻되 [20]그들이 회막에 들어갈 때에 물로 씻어 죽기를 면할 것이요 제단에 가까이 가서 그 직분을 행하여 여호와 앞에 화제를 사를 때에도 그리 할지니라 [21]이와 같이 그들이 그 수족을 씻어 죽기를 면할지니 이는 그와 그의 자손이 대대로 영원히 지킬 규례니라

물두멍은 물을 담는 그릇으로 그 받침과 함께 놋으로 만들어졌다. 그것을 놋단(altar: 짐승을 불사르는 제단)과 성소 사이에 놓아두었다. 제사장은 성소에 들어갈 때마다 자신의 손과 발을 씻어야 했으며 그래야 죽음을 면할 수 있었다.

그리고 여호와 앞에 화제(불로 태우는 제사), 즉 단에 제물을 사를 때마다 수족을 씻어야 했다. 이것은 모든 더러움을 씻어 깨끗하게 하는 상징적 의미가 있다.

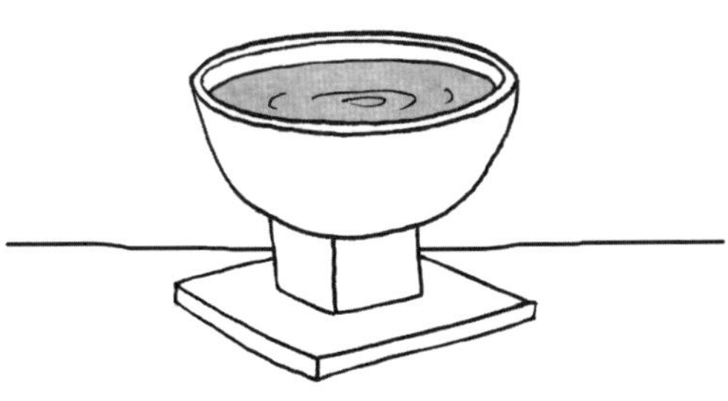

(2) 물두멍의 역할과 그리스도의 사역의 유사함을 에베소서 5:25-27을 통해 살펴보자.

에베소서 5:25-27 25남편들아 아내 사랑하기를 그리스도께서 교회를 사랑하시고 그 교회를
위하여 자신을 주심 같이 하라 26이는 곧 물로 씻어 말씀으로 깨끗하게 하사 거룩하게 하시고
27자기 앞에 영광스러운 교회로 세우사 티나 주름 잡힌 것이나 이런 것들이 없이 거룩하고 흠
이 없게 하려 하심이라

① 그리스도는 교회를 얼만큼 사랑하셨는가?

그리스도는 자신을 희생할 만큼 교회를 사랑하셨다. 죽기까지 사랑하셨다.

② 그리스도가 교회를 위하여 죽으심으로 어떤 일이 일어났는가?

교회가 말씀으로 깨끗하게 되어 거룩하고 흠이 없게 되었다.

③ 26절의 '물로 씻었다'는 무슨 의미인가? 또한 이것과 물두멍과의 관계는 무엇인가?

'씻음'은 그리스도인이 될 때 받는 죄 용서를 의미할 뿐 아니라 우리가 하나님의 자녀가 된 후 지은 죄를 깨끗하게 씻음 받음도 의미한다. 모든 죄는 용서받았으나 날마다 짓는 죄는 거룩한 삶을 위해 씻는 것이 필요하다.

놋 물두멍에서 제사장이 물로 씻었다는 것은 성화를 위한 깨끗한 삶을 의미한다. 제사를 지낼 때마다 놋 물두멍의 물로 씻어야 하듯, 우리는 날마다의 삶속에서 우리 죄를 깨끗이 씻어야 한다.

④ 구약에서는 실제 물로 씻었지만 우리는 어떻게 거룩함을 유지하는가? (26절)

우리는 말씀에 순종하는 삶으로 거룩하고 깨끗해진다. 우리 삶의 성화의 도구는 말씀이다.

⑤ 거룩의 궁극적 목적은 무엇인가? (27절)

교회가 티나 주름 잡힌 것, 즉 결점이나 잘못된 것 등의 흠이 없이 영광스런 모습으로 주님 앞에 온전히 서는 것이다.

(3) 제사장들이 놋 물두멍에서 한 일은 우리가 이미 깨끗해졌다는 것을 알 수 있도록 어떻게 돕는가?

제사장이 자신의 몸 전체를 씻는 것이 아니고 그가 섬길 때 사용하는 손과 발만을 씻는다. (참고, 요한복음 13:4-10)

(4) 왜 놋 물두멍을 놋 단과 성소 사이에 두었는가?

제단은 우리가 그리스도의 피를 통해서 하나님의 나라에 들어감을 상징한다. 물두멍은 하나님과 교제하기 위해 우리의 마음을 정결하게 해야 할 필요를 상징한다. 그 후에 우리는 아버지 되신 하나님께 나아가 거룩한 연합을 이룰 수 있다.

3) 떡 상

(1) 출애굽기 25:23-30과 레위기 24:5-9을 읽으라. 떡 상과 그 용도를 설명하라.

떡 상은 금으로 싸고 그 위에 순금으로 만든 그릇들(대접, 숟가락, 병, 붓는 잔)을 놓았다. (붓는 잔은 전제 때에 사용했을 가능성이 많다. 전제란 부어드리는 제사[drink offering]로 포도주를 드릴 때 사용된다.)

또한 떡상에는 12지파를 상징하는 12개의 떡을 놓았는데 이 떡들을 '진설병'(the bread of the Presence)이라고 불렀다. 이것은 원어로는 '면전에 있는 떡'이라는 뜻으로 하나님 앞에 진열해 놓았다는 의미이다. 이 떡은 떨어지지 않게 항상 하나님 앞에 두어야 했다. 이 떡들 옆에는 유향을 놓아두었다. 이것은 안식일 때마다 새로운 떡으로 교체할 때에 여호와께 화제로 드렸다.

(참고: 한 규빗은 약 45cm이다.)

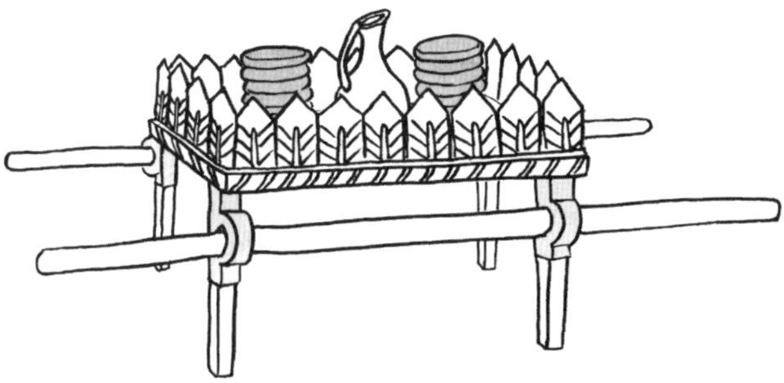

(2) 어떻게 떡이 그리스도를 상징하는가? (요 6:32-35, 50-51)

예수님은 하늘에서 내려온 생명의 떡이며 그의 몸을 우리에게 주셨다. 떡은 예수님의 몸을 상징한다.

(3) 하나님은 그리스도인인 우리를 제사장으로 삼으셨다(계 1:6). 우리가 주의 성찬에 참여할 때 그 떡에 대한 우리의 태도는 어떠해야 하는가? (고전 11:23-24)

우리는 예수님이 우리를 위해 돌아가신 것과 그가 우리에게 어떻게 영원한 생명을 주셨는지를 기념하면서 떡을 먹어야 한다.

금은 순결을 상징하고, 유향(제사 의식에서 향기를 내기 위해 사용된 나무의 진, 송진, 수지)은 기억을 위한 것이다. 요한복음 19:39-42에 나오는 몰약(향을 내는 수액)은 예수님의 시체를 장사지낼 때 사용되었다. 동방 박사들이 가져온 선물인 몰약은 그리스도의 죽음과 장사를 상징한다.

4) 촛대

(1) 출애굽기 25:31-40; 27:20-21을 읽으라. 촛대와 그 용도를 설명하라.

출애굽기 27:20-21 [20]너는 또 이스라엘 자손에게 명령하여 감람으로 짠 순수한 기름을 등불을 위하여 네게로 가져오게 하고 끊이지 않게 등불을 켜되 [21]아론과 그의 아들들로 회막 안 증거궤 앞 휘장 밖에서 저녁부터 아침까지 항상 여호와 앞에 그 등불을 보살피게 하라 이는 이스라엘 자손이 대대로 지킬 규례이니라

촛대는 한 덩어리의 정금을 쳐서 만들고 일곱 개의 등잔을 가진다. 제사장은 지속적으로 그 위에 감람유(올리브유)를 부어 등불이 항상 켜 있도록 했다. (촛대에 대한 성경의 복잡한 묘사를 다 설명하려고 하지 말고 중요한 내용만 말해주라).

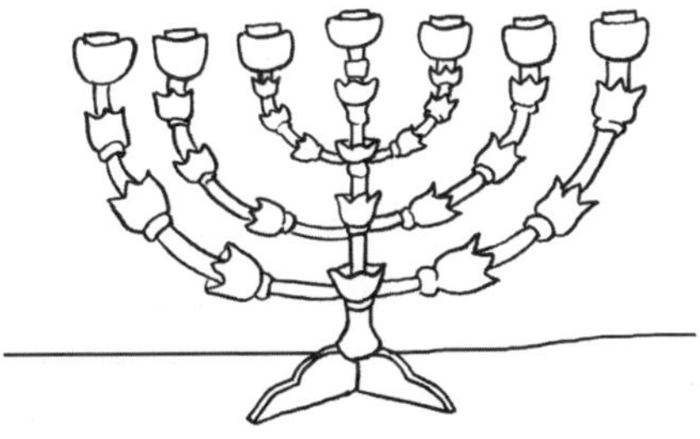

(2) 이것이 어떻게 예수님을 상징하는가? (요 8:12)

요 8:12 예수께서 또 말씀하여 이르시되 나는 세상의 빛이니 나를 따르는 자는 어둠에 다니지 아니하고 생명의 빛을 얻으리라

예수님은 세상의 빛이라고 말씀하셨다. 촛대는 예수님이 생명의 빛 되심을 상징한다.

(3) 이것이 오늘날 우리 생활과 어떤 관련이 있는가? (요 12:35-36)

요한복음 12:35-36 35예수께서 이르시되 아직 잠시 동안 빛이 너희 중에 있으니 빛이 있을 동안에 다녀 어둠에 붙잡히지 않게 하라 어둠에 다니는 자는 그 가는 곳을 알지 못하느니라 36너희에게 아직 빛이 있을 동안에 빛을 믿으라 그리하면 빛의 아들이 되리라 예수께서 이 말씀을 하시고 그들을 떠나가서 숨으시니라

우리는 빛이신 예수님을 믿어서 빛의 자녀가 되어야 한다. 또한 예수님의 빛 안에서 걸어야 한다, 즉 빛 안에서 빛으로 살아야 한다.

5) 향단

(1) 출애굽기 30:1-8을 읽으라. 향단과 그 용도를 설명하라.

출 30:1-8 1너는 분향할 제단을 만들지니 곧 조각목으로 만들되 2길이가 한 규빗, 너비가 한 규빗으로 네모가 반듯하게 하고 높이는 두 규빗으로 하며 그 뿔을 그것과 이어지게 하고 3제단 상면과 전후 좌우 면과 뿔을 순금으로 싸고 주위에 금 테를 두를지며 4금 테 아래 양쪽에 금 고리 둘을 만들되 곧 그 양쪽에 만들지니 이는 제단을 메는 채를 꿸 곳이며 5그 채를 조각목으로 만들고 금으로 싸고 6그 제단을 증거궤 위 속죄소 맞은편 곧 증거궤 앞에 있는 휘장 밖에 두라 그 속죄소는 내가 너와 만날 곳이며 7아론이 아침마다 그 위에 향기로운 향을 사르되 등불을 손질할 때에 사를지며 8또 저녁 때 등불을 켤 때에 사를지니 이 향은 너희가 대대로 여호와 앞에 끊지 못할지며

향단은 정금을 입힌 나무로 만들어졌다. 번제를 드렸던 놋 단처럼 향단도 네 귀퉁이에 뿔처럼 뾰족한 부분을 만들었으며 향단 위의 사면은 금테를 두르고 그 테 사면 아래에는 네 개의 금고리를 만들어 이동할 때마다 채(긴 막대기)를 끼워 옮겼다. 이것은 손으로

직접 향단을 만지는 것을 방지하기 위한 것이다. 이 향단은 지성소를 가리는 휘장 바로 앞에 놓였다. 제사장은 매일 아침 저녁으로 향단 위에 향을 태워야 했다.

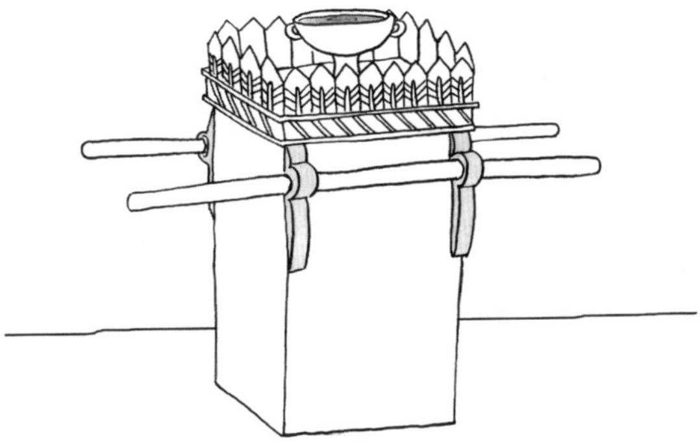

(2) 향단은 하나님 앞에 드려지는 향기인 우리의 기도를 생각나게 한다. 요한계시록 8:3-4에 의하면 우리의 기도는 어떻게 되는가?

요한계시록 8:3-4 [3]또 다른 천사가 와서 제단 곁에 서서 금향로를 가지고 많은 향을 받았으니 이는 모든 성도의 기도와 합하여 보좌 앞 금 제단에 드리고자 함이라 [4]향연이 성도의 기도와 함께 천사의 손으로부터 하나님 앞으로 올라가는지라

우리의 기도는 금향로에 모아져 하나님의 보좌 앞으로 올라간다.

(참고: 향단에서 나는 향이 있는 연기가 향연이다.)

(3) 우리가 기도할 때 어떠한 태도를 가져야 하는가? (시 141:2)

시편 141:2 나의 기도가 주의 앞에 분향함과 같이 되며 나의 손 드는 것이 저녁 제사 같이 되게 하소서

나의 기도는 하나님께 향과 같은 향기로운 것이다. 나는 자주 늘 신실하게 기도해야 한다. '나의 손드는 것'도 기도를 가리킨다. 이는 하나님께서 저녁 제사를 기뻐 받으시는 것처럼 자신의 기도를 기쁘게 받아달라는 뜻이다.

(4) 떡상과 촛대와 향단을 왜 성소 안에 둔다고 생각하는가?

성소에 들어가려면 죄는 반드시 속죄되어야 한다. 어떤 잠정적인 불결함조차도 반드시 씻어 정결함을 유지해야 했다. 따라서 제사장은 놋 단에서 동물을 죽여 희생제사를 드린 후에 성소에 들어갔다.

이는 예수님이 십자가에 돌아가심으로 믿는 자들의 모든 죄를 깨끗하게 하심을 상징한다. 그러므로 성소 안에 있는 떡상과 촛대와 향단은 믿는 자들을 위한 그리스도의 사역을 상징적으로 나타낸다. 향단은 기도를 통하여 하나님께 즉시 개인적으로 나아갈 수 있음을 상징한다. 이 기물들을 성소 안에 두는 것은 예수님의 죽으심 외에는 어느 것도 사람의 죄를 근본적으로 해결할 수 없고 거룩하게 할 수 없음을 말해준다.

(참고: 출애굽기 30:6의 증거궤(언약궤)와 속죄소는 지성소 안에 있는 기물들이다. 증거궤 위에 덮은 뚜껑을 속죄소라고 부른다. 그곳이 바로 하나님이 대제사장과 만나는 곳이다. 향단은 이 지성소를 가리고 있는 휘장 밖 성소 안에 위치해 있다.)

6) 언약궤

(1) 지성소는 휘장으로 가려져 있었다. 그 안에는 하나님의 임재의 상징인 언약궤가 있다. 언약궤 안에 무엇을 두었는가? (히 9:4)

히브리서 9:3-4 [3]또 둘째 휘장 뒤에 있는 장막을 지성소라 일컫나니 [4]금향로와 사면을 금으로 싼 언약궤가 있고 그 안에 만나를 담은 금 항아리와 아론의 싹난 지팡이와 언약의 돌판들이 있고

만나를 담은 금 항아리와 아론의 싹난 지팡이와 하나님께서 모세에게 주신 십계명이 적힌 언약의 두 돌판을 두었다.

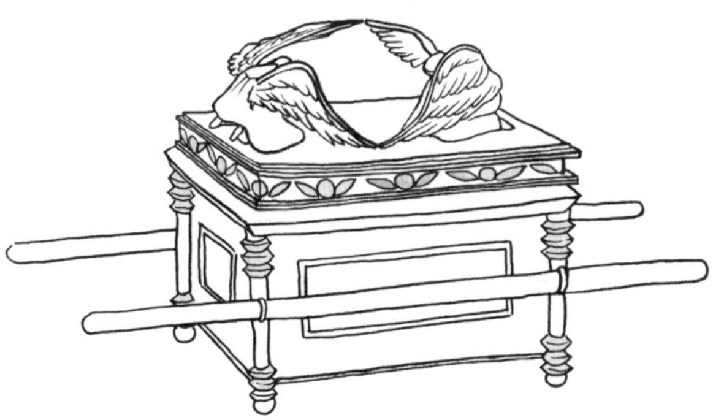

참고 : 4절에는 금향로가 지성소 안에 있는 것으로 기록한다. 이것은 출애굽기의 내용과 일치하지 않는 문제점을 가지고 있다. 어떤 학자들은 출애굽기 이후로 서로 다른 전통이 이어졌는데 히브리서는 금향로가 지성소에 있는 전통을 따랐다고 보기도 한다. 가장 좋은 해결책은 레위기 16:12-13절에 보면 '대 속죄일'에 대제사장이 일 년에 한번 지성소에 향로를 가지고 들어간 기록이 있는데 이러한 이미지를 일컫는 것으로 보는 것이다. 대제사장이 그렇게 하는 이유는 죽지 않기 위해서이다.

레위기 16:12-13 [12]향로를 가져다가 여호와 앞 제단 위에서 피운 불을 그것에 채우고 또 곱게 간 향기로운 향을 두 손에 채워 가지고 휘장 안에 들어가서 [13]여호와 앞에서 분향하여 향연으로 증거궤 위 속죄소를 가리게 할지니 그리하면 그가 죽지 아니할 것이며

12절에 '향기로운 향을 두 손에 채운다'는 것은 두 손 가득 향을 담아 향로에 채운다는 의미이다.

만나는 하나님께서 이스라엘 백성의 필요를 채우신다는 것을 기억하게 하는 것이었다. 아론의 지팡이는 하나님이 그의 백성을 기적적으로 구원하심을 생각나게 하는 것이다. 돌판은 하나님의 백성의 삶의 원리인 십계명을 보여 준다.

(2) 언약궤 위에는 무엇이 있었는가? (5절)

히브리서 9:5 그 위에 속죄소를 덮는 영광의 그룹들이 있으니 이것들에 관하여는 이제 낱낱이 말할 수 없노라

속죄소와 그것을 덮는 그룹들(천사들)의 형상이 있었다.

속죄소는 오직 은혜를 통해서만 하나님께 나아갈 수 있음을 상징한다.

(3) 지성소에 들어가도록 유일하게 허용된 사람은 누구인가? (6-7절)

히브리서 9:6-7 [6]이 모든 것을 이같이 예비하였으니 제사장들이 항상 첫 장막에 들어가 섬기는 예식을 행하고 [7]오직 둘째 장막은 대제사장이 홀로 일 년에 한 번 들어가되 자기와 백성의 허물을 위하여 드리는 피 없이는 아니하나니

대제사장

(첫 장막은 성소를 가리키고 둘째 장막은 지성소를 가리킨다.)

(4) 언약궤가 다른 기구들과 구별되는 이유는 무엇인가?

언약궤는 하나님이 앉아계시는 곳의 상징으로 다른 기구들과 완전히 구분된다.

(5) 언약궤를 다른 기구들과 구별하여 지성소에 둔 이유는 무엇인가?

언약궤는 하나님의 임재를 상징하는 거룩한 성물이기 때문에 성막에서도 특별히 지성소 안에 두었다. 이 언약궤를 통해 하나님과 맺은 언약을 기억하게 하셨고 또 언약궤 위의 뚜껑인 속죄소 위에 있는 두 그룹 사이에 하나님께서 임재하시겠다고 하셨기 때문에 이곳에는 자격이 없는 자들이 함부로 들어올 수 없게 했다. 그러므로 지성소라는 가장 깊숙한 장소에 두 번의 장막을 거쳐서 엄격한 절차를 거친 한 사람, 즉 대제사장만이 그것도 일 년에 한 번만 들어올 수 있도록 철저히 통제를 한 것이다. 대제사장은 하나님을 만나기 위해 정결하게 하는 의식을 행함으로 자신을 준비해야 했다. 그리고 일 년에 한 번만 지성소에 들어가 백성의 허물을 위하여 피의 제사를 드려야 했다.

2 대제사장으로서 그리스도

출애굽기 40장을 읽으라.

1) 성막이 어떻게 세워졌으며 정결하게 되었는가?

(출애굽기 40장은 35-39장에서 다룬 성막 세움의 요약이라고 볼 수 있다.)

이스라엘 백성 중 레위지파 사람들이 성소의 기구들과 성막을 세웠다. 이 모든 것들은 기름 부어 정결하게 하였다. 제사장들에게도 거룩한 옷을 입게 했고 정결하게 하려고 기름을 부었다.

구름은 어떤 의미를 갖는가? (33-34절)

출 40:33-34 33그는 또 성막과 제단 주위 뜰에 포장을 치고 뜰 문에 휘장을 다니라 모세가 이같이 역사를 마치니 34구름이 회막에 덮이고 여호와의 영광이 성막에 충만하매

구름은 하나님과 그의 영광이 함께 하고 있음을 보여 주는 것이었다. 성막이 완성되자 구름이 나타남은 하나님이 말씀하신 대로 성막이 지어졌음을 확증해준다.

2) 아론은 어떤 역할을 했는가? (12-15절)

출40:12-15 12너는 또 아론과 그 아들들을 회막 문으로 데려다가 물로 씻기고 13아론에게 거룩한 옷을 입히고 그에게 기름을 부어 거룩하게 하여 그가 내게 제사장의 직분을 행하게 하라 14너는 또 그 아들들을 데려다가 그들에게 겉옷을 입히고 15그 아버지에게 기름을 부음 같이 그들에게도 부어서 그들이 내게 제사장의 직분을 행하게 하라 그들이 기름 부음을 받았은즉 대대로 영영히 제사장이 되리라 하시매

아론은 첫 대제사장이었다.

3) 그리스도께서 돌아가셨을 때 휘장은 어떻게 되었는가? (마 27:50-51)

마태복음 27:50-51 [50]예수께서 다시 크게 소리 지르시고 영혼이 떠나시니라 [51]이에 성소 휘장이 위로부터 아래까지 찢어져 둘이 되고 땅이 진동하며 바위가 터지고

휘장은 지성소와 성소를 가로막고 있는 것이었는데 휘장이 둘로 찢어져서 지성소가 드러나게 되었다.

이것은 무엇을 의미하는가?

하나님께서는 더 이상 지성소 안에 거하시지 않는다. 그리스도가 단 한번으로 모든 죄를 해결하는 희생 제사를 드렸기 때문에 하나님은 하나님의 자녀안에 거하시게 되었다. 이제 하나님의 자녀는 언제 어디서든지 하나님을 만날 수 있다.

4) 그리스도가 왜 마지막 대제사장이신지 설명하라. (히 9:6-14)

히브리서 9:6-14 6이 모든 것을 이같이 예비하였으니 제사장들이 항상 첫 장막에 들어가
섬기는 예식을 행하고 7오직 둘째 장막은 대제사장이 홀로 일 년에 한 번 들어가되 자기와
백성의 허물을 위하여 드리는 피 없이는 아니하나니 8성령이 이로써 보이신 것은 첫 장막이
서 있을 동안에는 성소에 들어가는 길이 아직 나타나지 아니한 것이라 9이 장막은 현재까지의
비유니 이에 따라 드리는 예물과 제사는 섬기는 자를 그 양심상 온전하게 할 수 없나니 10이런
것은 먹고 마시는 것과 여러 가지 씻는 것과 함께 육체의 예법일 뿐이며 개혁할 때까지 맡겨
둔 것이니라 11그리스도께서는 장래 좋은 일의 대제사장으로 오사 손으로 짓지 아니한 것 곧
이 창조에 속하지 아니한 더 크고 온전한 장막으로 말미암아 12염소와 송아지의 피로 하지
아니하고 오직 자기의 피로 영원한 속죄를 이루사 단번에 성소에 들어가셨느니라 13염소와
황소의 피와 및 암송아지의 재를 부정한 자에게 뿌려 그 육체를 정결하게 하여 거룩하게
하거든 14하물며 영원하신 성령으로 말미암아 흠 없는 자기를 하나님께 드린 그리스도의 피가
어찌 너희 양심을 죽은 행실에서 깨끗하게 하고 살아 계신 하나님을 섬기게 하지 못하겠느냐

첫 장막이 서 있는 동안(옛 제사 제도에서는) 제사 드리는 자를 양심까지 온전케 할 수 없었다. 이는 육체의 예법, 즉 외적으로 지켜야 할 의식으로 예수님이 오시기 전까지만 적용되는 규정들이었다. 죄 없으신 예수님이 십자가에서 죽으심은 단 한 번으로 모든 죄를 해결하신 '한 영원한 제사'를 드리신 것으로, 이제 더 이상 제사를 드릴 필요가 없다. 그리스도의 흠 없는 제사는 양심을 깨끗케 하고 살아 계신 하나님을 섬기기에 충분하다. 또한 그리스도가 부활하심으로 우리의 영원한 대제사장으로 계시며 그분의 역할은 결코 중단되지 않는다.

5) 옛 언약과 새 언약을 비교해 보라. (히 9:15-23)

히9:18-23 18이러므로 첫 언약도 피 없이 세운 것이 아니니 19모세가 율법대로 모든 계명을 온
백성에게 말한 후에 송아지와 염소의 피 및 물과 붉은 양털과 우슬초를 취하여 그 두루마리와
온 백성에게 뿌리며 20이르되 이는 하나님이 너희에게 명하신 언약의 피라 하고 21또한 이와
같이 피를 장막과 섬기는 일에 쓰는 모든 그릇에 뿌렸느니라 22율법을 따라 거의 모든 물건이
피로써 정결하게 되나니 피흘림이 없은즉 사함이 없느니라 23그러므로 하늘에 있는 것들의

모형은 이런 것들로써 정결하게 할 필요가 있었으나 하늘에 있는 그것들은 이런 것들보다 더 좋은 제물로 할지니라

옛 언약: 희생 동물의 죽음, 동물의 피로 인침, 앞으로 이루어질 일에 대한 모형.

새 언약: 예수 그리스도의 희생의 죽음, 예수 그리스도의 피로 인침, 마지막 완전한 제사.

참고 : 히 9:23의 "하늘에 있는 것들의 모형"은 성막에 있는 모든 것을 가리킨 다. 이것들은 동물의 피로 정결하게 해야 했다. 그러나 '하늘에 있는 것들'은 '죄가 완전히 없는 것들'을 가리킨다. 즉, 인간이 하늘에 속하려면 죄가 없어야 되는데 이러한 것은 더 좋은 예물(예수님의 희생)이 요구되었다.

옛 언약은 구약성경의 이스라엘 백성들에게 주어졌다. 옛 언약은 시내산에서 모세가 중보자 역할을 했다. 하나의 조건은 언약의 법에 순종하는 것이다.

제단과 이 법에 순종하겠다고 동의하는 백성에게 뿌려진 피는 언약을 맺었음을 인치는(도장을 찍는) 것이다(출 24:4-8). 그러나 이스라엘의 역사를 통해서 그들은 하나님의 법을 인간 스스로의 힘으로는 순종할 수 없다는 것을 증명해준다. 이때 하나님은 이미 새 언약을 준비하셨다. 예레미야 선지자는 새 언약을 예언했다(렘 31:31-34). 새 언약은 갈보리에서 희생된 예수 그리스도의 피로 인을 쳤다.

우리는 예수 그리스도를 구주로 받아들임으로서 새 언약에 참여했다. 그리고 우리의 죄가 용서를 받았기 때문에 우리는 하나님의 성전이 되었다. 성령이 우리 안에 거하셔서 "내가 나의 법을 그들의 속에 두며 그들의 마음에 기록할 것이다"라는 예레미야 선지자를 통한 새 언약의 말씀이 이루어졌다, 이제는 하나님의 법에 순종함을 통해 하나님께 나아가는 것이 아니라, 성령을 통해 마음이 새로워게 되었다(고후 3:7-18; 4:16-18).

6) 그리스도는 희생 제물이며 동시에 대제사장이다. 히브리서 9:24-28을 읽으라. 어떻게 이것이 가능했는지 설명해보라.

> 히 9:24-28 24그리스도께서는 참 것의 그림자인 손으로 만든 성소에 들어가지 아니하시고 바로 그 하늘에 들어가사 이제 우리를 위하여 하나님 앞에 나타나시고 25대제사장이 해마다 다른 것의 피로써 성소에 들어가는 것 같이 자주 자기를 드리려고 아니하실지니 26그리하면 그가 세상을 창조한 때부터 자주 고난을 받았어야 할 것이로되 이제 자기를 단번에 제물로 드려 죄를 없이 하시려고 세상 끝에 나타나셨느니라 27한번 죽는 것은 사람에게 정해진 것이요 그 후에는 심판이 있으리니 28이와 같이 그리스도도 많은 사람의 죄를 담당하시려고 단번에 드리신 바 되셨고 구원에 이르게 하기 위하여 죄와 상관 없이 자기를 바라는 자들에게 두 번째 나타나시리라

그리스도는 인간이 만든, 그림자에 불과한 성소가 아닌 하늘에 계신 하나님 아버지 앞(진정한 지성소)에 들어가셔서 영원한 대제사장이 되셨다. 또한 아론의 대제사장들은 해마다 동물을 죽여 제사를 드려야 했지만 그리스도는 자신을 단번에 드려 희생제물이 되셨다. 즉 인간 대제사장이 스스로를 희생해도 그 피로는 자신뿐이 씻을 수가 없지만, 예수님은 죄가 없으시기 때문에 대제사장으로 자신의 생명을 희생해 모든 인류의 죄를 씻을 수 있었다.

이것은 우리에게 어떠한 소망을 주는가?

예수 그리스도의 희생은 단 한번으로 우리의 모든 죄를 속하는 제사이다. 더 이상 제사를 드릴 필요가 없다. 그리스도는 그의 희생이 우리에게 충분함을 하늘에서 확증해 주신다.

7) 우리가 그리스도를 위해 승리하는 삶을 살아갈 때 그리스도인의 생활에 있어서 적절한 영적 순서가 있다는 것을 기억해야 한다. 이 연속성에 대해 성막이 우리에게 가르쳐 주는 것은 무엇인가?

먼저 죄를 해결한다. 그리스도가 우리를 위해서 무엇을 하셨는지 기억한다. 그리스도의 빛 가운데 살아간다. 열심히 기도한다. 오늘도 우리가 하나님께 가까이 나아갈 수 있음을 하나님께 감사한다.

[보충자료 1]
이스라엘 백성의 성막
출애굽기 25-27장을 읽으라.

성막과 그 기물들은 우리에게 많은 사실을 가르쳐 주고 있다. 출입구에 있는 놋제단은 희생과 속죄를 위해서 사용되었다. 이것은 우리가 맨 처음 속죄를 위해서 희생이 중요하다는 것을 일게 해준다. 다음으로 놋 물두멍이 있는데, 그것은 몸(손과 발)을 깨끗이 씻는 데 사용되었다. 이것은 우리가 일상생활에서 날마다 지은 죄를 씻어야 할 필요성을 말해 준다. 다음에 성소로 들어서면 오른쪽에 떡 상이 놓여 있는데 그것은 두 가지 진리를 알려 준다. 즉 그리스도는 하늘에서 내려온 떡이며, 성경말씀은 사람이 매일 먹어야 하는 영적 양식이라는 사실이다.

왼쪽에는 그리스도 곧 세상의 빛을 생각하게 하는 촛대가 있다. 바로 앞에는 하나님께 드리는 향기인 우리의 기도를 기억하게 하는 향단이 있다. 그리고 성막 정면 앞에는 그리스도께서 돌아가실 때 위로부터 아래까지 찢어진 휘장이 있다. 그리스도를 믿는 사람에게는 하나님이 계시는 지성소에 들어가는 데 더 이상 어떤 장애물도 없다. 지성소 안에는 하나님이 이 땅에 임재하셨던 장소인 언약궤가 있다. 이와 같이 성막과 그 안의 기물들은 그리스도인으로 승리하는 삶을 살기 위해서는 신앙생활에 합당한 절차가 있음을 우리에게 보여 준다.

적용

1. 이 과에서 당신에게 가장 의미 있는 것은 무엇인가?

2. 구약성경을 공부한 것이 당신이 신약성경을 더 잘 이해하는 데 얼마나 도움이 되었는가?

3. 히브리서 10:19-25에 의하면, 예수님을 믿어 깨끗하게 된 후에 어떻게 살라고 말씀하시는가? 이 말씀에 비추어 내가 잘하고 있는 것은 무엇인가? 더 힘써야 할 것은 무엇인가?

> 히 10:19-25 [19]그러므로 형제들아 우리가 예수의 피를 힘입어 성소에 들어갈 담력을
> 얻었나니 [20]그 길은 우리를 위하여 휘장 가운데로 열어 놓으신 새로운 살 길이요 휘장은
> 곧 그의 육체니라 [21]또 하나님의 집 다스리는 큰 제사장이 계시매 [22]우리가 마음에 뿌림을
> 받아 악한 양심으로부터 벗어나고 몸은 맑은 물로 씻음을 받았으니 참 마음과 온전한
> 믿음으로 하나님께 나아가자 [23]또 약속하신 이는 미쁘시니 우리가 믿는 도리의 소망을
> 움직이지 말며 굳게 잡고 [24]서로 돌아보아 사랑과 선행을 격려하며 [25]모이기를 폐하는
> 어떤 사람들의 습관과 같이 하지 말고 오직 권하여 그 날이 가까움을 볼수록 더욱 그리하자

신실한 마음과 온전한 믿음으로 우리의 소망이신 그리스도를 굳게 잡고 다른 사람을 돌아보며 정기적으로 성도들을 만나면서 교제해야 한다.

4. 성막을 통해서 배운 교훈은 무엇인가? 당신의 일상생활에 도움을 줄 수 있는 교훈은 무엇인가?

외울 말씀 히브리서 10:10
이 뜻을 따라 예수 그리스도의 몸을 단번에 드리심으로 말미암아 우리가
거룩함을 얻었노라

읽을 말씀 출애굽기 25-27장

[보충자료 2]

요약 이 부분을 함께 읽으면서 다시 한 번 정리하는 시간을 갖도록 한다.

1. 역사의 시작(1과)

1) 창세기 1:27에서 사람을 창조하실 때 '하나님의 형상대로'란 말의 의미는 무엇인가?

–인간은 다른 피조물들과는 다르다(창 9:6). 인간은 유일하게 의로움과 거룩함을 지녔다(창 1:31). 하나님께서 호흡을 불어넣어 인간에게 생명을 주셨다(창 2:7). 인간 육체 안에 생령 즉 살아 있는 영을 주셨다.

2) 인간의 원초적 선함에 어떠한 사건이 일어났는가? (창 2:17; 3:6; 롬 5:12)

–하와가 하나님의 말씀을 가감하여 사탄의 속임과 유혹에 넘어갔으며 아담 또한 하나님의 명령에 불순종했다.

이들은 하나님과의 교제가 끊어졌고 죄악으로 인해 두렵고 부끄러워했다. 그 후 그들은 죄악의 성품을 가진 자신들을 닮은 자손들을 낳게 되었다.

3) 아담과 하와의 불순종에 대한 하나님의 반응은 어떠했는가?

–하나님은 창 2:16–17에서 하신 말씀대로 그리고 갈라디아서 6:7–8의 진리대로 심판을 명하셨다. 그와 함께 하나님은 그의 은혜로 여자의 후손, 곧 그리스도를 통해 인간의 죄를 해결하는 길을 마련해 놓으셨다.

2. 아담에서 아브라함까지(2과)

1) 창세기 3:21을 보면 하나님께서는 인간에게 온전한 희생 제물을 이미 알려 주셨다는 사실을 알 수 있다.

희생 제물에 대한 가인과 아벨의 태도를 비교해 보라(창 4:1–7).

이들에게 일어난 치명적인 사건은 무엇인가?
–성경에 기록된 최초의 살인사건이다.

2) 노아는 주위의 반대에도 굽히지 않고 방주를 만들어 하나님께 대한 그의 신앙을 보여 주었다. 하나님께서는 그를 통해 무엇을 성취하셨는가? (히 11:7)
–하나님은 노아의 가족을 구원하시고, 세상을 심판하셨으며, 순종의 필요성을 가르쳐 주셨다.

3) 아브라함과 그의 두 아들인 이스마엘과 이삭은 하나님과 인간과의 관계를 그림처럼 보여준다. 즉, 인간은 육신의 자손으로 죄의 종이든지 약속의 자손으로 자유자이든지 둘 중의 하나이다.
창세기 5, 18, 21장은 이에 대한 역사적인 기록을 담고 있다. 또한 갈라디아서 4:21-31은 이것의 영적인 의미를 설명한다.

그 후 창세기 22:1-2에서 아브라함은 그의 약속의 아내 사라에게서 난 사랑하는 아들을 바치라는 명령을 받는다. 하나님께서는 왜 이러한 요구를 하셨을까?
–그의 믿음을 시험하기 위해.

창세기 22:8, 13을 어떻게 설명할 수 있을까?
–하나님은 필요한 희생 제물을 준비하신다. 이는 우리가 하나님의 약속을 신뢰할 수 있다는 사실을 보여주는 좋은 예이다.

이삭도 그리스도처럼 그의 아버지의 희생 제물이었다. 마태복음 26-28장에서 그리스도는 아버지의 희생 제물인 아브라함의 아들의 모습으로 우리에게 나타나신다.

3. 모세 : 유월절과 출애굽(3과)

아브라함의 손자 야곱은 기근을 피하기 위해 그의 가족들을 이끌고 애굽으로 내려갔다. 그 후 400년간 그의 후손은 크게 번성했다. 애굽에 새로운 왕이 일어났을 때, 왕은 히브리 민족의 인구가 늘어나자 염려되어 그들을 노예로 삼아 잔인하게 다스렸다.

출애굽기 1-2장에는 모세의 출생과 미디안으로 도망간 사건, 그리고 하나님께 구원을 부르짖는 히브리 민족의 외침이 기록되어 있다.

1) 히브리서 11:23-29절도 모세에 대해 말한다.
하나님께서 왜 모세를 백성의 인도자로 선택하셨는가?
-그는 믿음의 사람이었다.

2) 하나님께서 출애굽기 12:3-7, 12-13의 기록대로 이스라엘 장자들을 다룬 이유는 무엇인가?
-우리의 흠 없고 죄 없는 하나님의 어린 양이신 그리스도의 희생과 그 희생을 통한 우리의 구원을 보여 주기 위해.

3) 이스라엘 역사상 가장 중요한 사건인 출애굽은 유월절 이후 일어났다(출 12:41).
세계 역사상 가장 두드러지게 알려진 기적이 출애굽기 14장(21-22절을 보라)에 기록되어 있다.

이 사건이 여러분에게 가르쳐 주는 영적 진리는 무엇인가?
-하나님은 죄의 속박에서 우리를 구원하시며 파괴자인 사탄으로부터 우리를 지키실 것이다.

4. 율법과 은혜(4과)

1) 보통 '율법'이라 하면 어떤 것이 떠오르는가? (십계명 : 출 20:3-17)

2) 예수께서는 십계명을 두 개로 요약하셨다(마 22:37-40). 그것은 무엇인가?

(1) 마음과 목숨과 뜻을 다해 하나님을 사랑하라.

(2) 네 이웃을 네 몸과 같이 사랑하라.

3) 로마서 3:19-20에 따르면 율법은 무엇을 드러내는가?

-죄를 알게 해준다.

4) 율법과 은혜는 각기 다른 목적을 위해 우리에게 주어졌다. 우리는 율법이나 은혜 그 둘 중의 하나에 속해 있다. 그것들을 혼용할 수는 없다. 은혜는 우리의 노력과는 관계없이 우리를 향한 하나님의 자비와 사랑의 표시이다. 에베소서 2:8-9를 로마서 3:20과 비교해 보라. 어떻게 은혜를 얻을 수 있을까?

-우리는 그저 받아들이기만 하면 된다. 그것은 하나님이 우리에게 거저 주는 선물이다(참고, 롬 6:23).

5. 구원과 용서(5과)

1) 여호수아라는 말은 '여호와는 구원이시다'라는 뜻이다. 여호수아 1:2-3에서는 어떻게 나타났는가?

-하나님은 가나안 땅의 거주민들 속에서 이스라엘을 구원하실 것이며 이스라엘 민족에게 능력을 주어 그 땅을 소유하도록 하실 것이다.

2) 여호수아 7:10-12에서 하나님께서 왜 여호수아에게 기도를 멈추라고 하셨는가?

-이스라엘 백성들이 죄를 지었기 때문에.

시편 66;18의 내용은 무엇인가?

–'만일 내 마음에 죄악을 품으면, 주께서 듣지 아니 하시리라.'

이스라엘이 죄악을 해결한 후 어떠한 일이 일어났는가? (수 8:1)

–하나님의 축복의 약속이 회복되었다.

3) 하나님의 백성의 뛰어난 왕이며 영적 지도자인 다윗은 중대한 죄를 범했다(삼하 11장). 그것은 간음(4절), 살인(15절), 그리고 위선(25절) 등의 죄였다. 이 점을 고려해 볼 때, 사도행전 13:22에서 다윗을 '하나님 마음에 합한 사람'이라고 말한 것은 어떻게 이해할 수 있을까? (참고, 삼하 12:13; 시 51:3)

–다윗은 죄의 처절한 대가를 치렀지만, 죄를 자백하여 하나님의 완전한 용서와 회복을 받았다.

6. 엘리야 : 성령의 능력의 사람(6과)

겁 많고 악한 왕 아합과 이방여인인 그의 악한 아내 이세벨이 하나님을 섬기지 않고 여호와의 선지자들을 죽일 때, 엘리야가 담대하게 왕 앞에 나타났다.

1) 엘리야의 용기는 어디로부터 왔는가? (왕상 17:1) 왜 엘리야는 그의 말에 따라 비가 오지 않을 것이라고 아합 왕에게 도전했는가?

–그는 하나님 안에 굳건히 서 있었으며 하나님은 아합의 사악함으로 인해 그 땅에 심판을 내리려는 중이었기 때문이다.

2) 3년 반 동안의 가뭄 후 엘리야는 아합 왕 앞에 다시 나타나 바알 선지자들과 공개적인 대결을 벌일 것을 요구했다(왕상 18장). 거짓 선지자들의 장황한 기도가 모두 헛수고로 끝나자 엘리야는 단순한 기도를 드렸다(왕상 18:36).

그의 간구 내용은 무엇이었으며, 그 기도가 엘리야가 성령의 인도함을 받는 사람임을 보여주는 이유는 무엇인가?

-그는 오직 살아 계신 하나님을 나타내 주시고, 엘리야가 그의 종임을 알게 해달라고 간구했다.

7. 예레미야 : 고독한 예언자(7과)

1) 예레미야는 유다의 마지막 영적인 왕과 여러 악한 왕들, 바벨론 포위와 공격의 때와 애굽으로 도망하는 소수 유대인들이 남아 있던 때에 유다에서 사역했다. 그는 하나님과 그의 백성을 충성스럽게 섬겼으나 백성들은 그의 경고를 무시했다. 예레미야가 절망스런 상황 가운데서도 항상 꿋꿋이 서 있을 수 있었던 이유는 무엇인가? (렘 1:4-9)

-그는 하나님께서 특별한 목적을 위해 자신을 부르시고 준비시키며 백성에게 할 말을 일러주실 것을 알고 있었다.

2) 예레미야는 당시의 종교 지도자들로부터 핍박을 받았다. 이런 박해가 그의 메시지에 어떠한 영향을 주었는가?

-그의 신념과 믿음을 더욱 강하게 만들었을 뿐이었다.

3) 그의 메세지를 백성들이 거부하자 예레미야는 무엇을 생각했는가? (20:8-9)

-말하지도 않고 잠잠하겠다.

그러나 그는 어떠한 격려를 받았는가? (11절)

-그는 주께서 용사처럼 그와 함께하심을 알았다.

4) 이 내용은 당신에게 어떠한 도움이 되는가?

결론과 적용

어떤 사람들은 구약성경을 특별한 가치가 없는 우화요, 신화라고 여긴다. 여러분은 이 성경의 가치를 어떻게 세상에 피력하겠는가? 성경이 역사에 어떠한 영향을 끼쳤는지 생각해보았는가?

구약성경의 페이지마다 가장 위대한 드라마와 시와 연설과 진리들이 기록되어 있다. 구약성경에 견줄만한 책은 신약성경밖에 없다. 우리는 그리스도처럼 구약성경을 열심히 공부해야 한다. 구약성경의 주제는 인간의 전적인 타락과 하나님의 전적인 은혜이다.

당신은 예수님이 오신 목적을 이해하는가? 예수 그리스도를 여러분의 삶에 초청했는가? 죄를 고백하며 주께 능력 있게 봉사 하기 위해 성령의 충만함을 간구했는가? 이 단계를 밟지 않았다면, 지금 이와같은 결단의 시간을 가지라.

인간의 실패와 하나님의 은혜에 대한 성경구절

	하나님의 약속	인간의 실패	하나님의 은혜
1. 모세오경	창 12:1-3 출 6:6-8	창 3:6-7 창 16:1-3 출 6:9	창 3:15, 21 창 21:1-3 민 14:30-34
2. 역사서	삼하 7:8-13	삿 1:11-13 삿 21:25 삼하 2장	왕상 11:9-13 왕상 15:3-4

MEMO

10
신약성경 탐험
Philippians
Revelation

10 STEP
그리스도인의 성장을 위한
CCC 10단계 성경교재

신약성경 탐험

왜 신약성경인가?

국제 CCC의 창설자이신 고(故) 빌 브라이트 박사는 그의 어머니에 대해 다음과 같이 회고한다.

"나의 어머니는 16세 때 전통적인 감리교 부흥회에서 그리스도인이 되셨다. 학교 교사로 일하시는 어머니는 그리스도인이 된 이후에 이른 새벽과 늦은 밤에 끊임없이 성경을 읽으며 가족들을 위해 기도하셨다. 어머니는 93세에 세상을 떠나셨는데, 어머니의 성경책들은 너무 많이 읽어서 너덜너덜 해져 있었고, 어머니가 날마다 가족과 수많은 다른 사람들을 위해 간구하며 흘렸던 눈물로 얼룩져 있었다. 어머니의 신실하심과 경건한 삶은 나와 가족들, 그리고 어머니를 알고 있던 많은 사람들에게 풍부한 영적 유산으로 남아 있다. 그것을 생각할 때마다 나의 마음에는 따뜻한 사랑과 하나님께 대한 깊은 감사가 넘친다. 신약성경은 평생 열매 맺는 삶을 사신 어머니에게 가장 의미 있는 책이었다."

성경은 하나님의 영감으로 기록된 거룩한 하나님의 말씀이다. 하나님께서 성경 말씀을 얼마나 완전하게 구성해 놓으셨는지 참으로 놀랍다. 성령께서 하나님의 사람들에게 영감을 주셔서 그들이 그리스도의 생애와 죽음과 부활을 증거 하게 하셨고, 그들이 보았던 기적들과 하나님의 아들을 통해서 경험했던 사랑을 기록했다.

신약성경이라고 부르는 이유

1세기 말이 되어서 교회는 지금의 신약성경의 모든 책들을 갖게 되었다. 거의 300년 후에 그 책들이 한권으로 모아지고 교회 지도자들에 의해 권위 있는 성경으로 받아들여졌다. 성경의 마지막 27권의 책을 하나로 묶어 붙인 '신약성경' 이라는 이름은 아주 깊은 의미가 있다. 그것은 예수님이 십자가에 못 박하시기 전날 밤에 하신 말씀에서 따온 것이다.

"이 잔은 내 피로 세우는 새 언약(신약)이니 곧 너희를 위하여 붓는 것이라" (눅 22:20).

옛 언약 = 구약

새 언약 = 신약

이 때 세워진 그의 언약은 모세의 율법이나 옛 언약과는 대조를 이룸으로 새 언약이라고 말한다(렘 31:31-34).

옛 언약

하나님이 먼저 아브라함과 언약을 맺으신 후 그의 후손인 이스라엘 백성들과 시내산에서 맺으신 언약이다(창 12:1-3; 15:1-11; 17:1-14; 출 19:5-6; 20:1-17).

옛 언약인 율법은 인간의 죄를 드러내고 그들 스스로 구원할 능력이 없다는 것을 깨닫게 함으로 그리스도를 받아들일 준비를 하게 한다.

새 언약

예수 그리스도는 인류를 죄와 사망의 속박에서 벗어나게 해주시기 위해 오셨다. 죄와 죽음으로부터의 자유는 "새 언약"인 신약성경에 기록되어 있다.

"새 언약"이 그리스도가 죽으시고 부활하신 때에 공식적으로 세워졌고, 성경의 마지막 27권의 책들이 그리스도의 삶과 사역 그리고 죽음과 부활에 대해 기록하고 있기 때문에 신약성경이라고 적절하게 명명된 것이다.

신약성경을 한 눈에!

신약성경을 깊이 공부할 때 우리는 구속을 위한 하나님의 계획을 더 잘 이해할 수 있다. 아래에 소개하고 있는 신약성경 각 책의 요약은 이 책의 각 과를 공부하는 데 도움을 줄 것이다.

신약성경의 구성

복음서(4권)	역사서(1권)	서신서(21권)		예언서(1권)
복음의 시작	복음의 행진	복음과 삶		복음과 하나님 나라의 완성
		바울서신	일반서신	
마태복음 마가복음 누가복음 요한복음	사도행전	로마서 고린도전후서 갈라디아서 에베소서 빌립보서 골로새서 데살로니가전후서 디모데전후서 디도서 빌레몬서	히브리서 야고보서 베드로전후서 요한일이삼서 유다서	요한계시록
구약의 예언대로 구속사역을 성취하신 예수 그리스도의 삶과 사역	열방을 향한 예수 그리스도의 통치의 확장	하나님 나라 백성들의 삶을 위한 예수 그리스도의 교훈과 원리		역사의 끝에 이루어질 예수 그리스도의 우주적인 통치의 완성
신약성경을 모두 합하면 27권				

복음서

마태, 마가, 누가, 요한이 기록한 사복음서는 하나님의 아들이며 사람의 아들이신 예수 그리스도의 영원성, 족보, 탄생, 가르침, 죽음, 부활과 승천에 대해 기록하고 있다. 뿐만 아니라 예수 그리스도의 말씀과 사역으로부터 일어난 사건들을 보여 준다. 사복음서는 예수님의 삶을 완전하게 보여주는 전기는 아니지만 예수님이 누구신지는 분명하게 드러내고 있다. 즉, 복음서는 사람들이 예수님을 알고 믿을 수 있게 하는 하나님의 완전한 계시이다.

마태복음

저자인 마태는 갈릴리 출신 유대인으로 로마제국 통치 아래에서 혐오의 대상인 세리였다. 마태복음은 유대인들에게 그리스도가 그들의 약속된 메시아이며 왕이라는 것을 입증하기 위해 기록되었다. 마태는 오실 메시아에 대한 구약성경의 예언들이 예수 그리스도에게서 성취되었음을 잘 보여 준다.

마가복음

마가복음은 사도들의 조력자였으며 바울과 누가의 글에서 언급된 마가 요한이 기록하였다. 유대인이 아닌 이방인들을 대상으로 하는 이 복음서는 예수님을 능력있는 하나님의 종으로 드러내며 그분이 행하신 기적들을 강조한다.

누가복음

누가복음은 예수님을 구주로 묘사하지만 동시에 인간으로서의 모습을 강조하고 있다. 그 문체가 정교하고 고전적이어서 아름다움과 문화와 철학을 좋아했던 그리스 사람들에게 호소력이 있었다. 바울이 "사랑하는 의원"라고 부른 누가가 저자로 알려져 있다.

요한복음

요한복음은 예수님이 개인적으로 가장 가까이하셨던 사도 요한에 의해 기록되었다. 요한은 예수 그리스도가 성부, 성령 하나님과 동등한 성자 하나님이심을 보여준다. 하나님의 계시를 받은 요한은 사복음서 중 특별히 그리스도의 신성을 크게 강조하고 있다.

초대 교회의 역사

사도행전

사도행전은 신약성경에서 매우 중요한 책 중의 하나이다. 하나님의 나라가 성령의 능력으로 어떻게 확장되어 가는지를 명백하게 보여 준다. 저자의 이름이 언급되지는 않았지만, 누가복음과 사도행전은 의사이고 학자이며 역사가인 누가의 작품으로 받아들여진다.

바울서신

바울 서신은 복음을 전한 후 세워진 교회에서 일어나는 다양한 문제들에 답을 주기 위해 기록되었다. 이 서신들은 바울이 한 특정한 교회에게 그들이 직면한 문제를 염두에 두고 편지를 써 보낸 것들이다. 그러나 그 내용은 그리스도의 기본적인 교리와 가르침들을 제시하고 있어서 시대를 초월하여 모든 교회와 그리스도인들에게 필요한 말씀이다. 이 사실은 주제별로 그의 글들을 볼 때 잘 드러난다.

로마서

로마서에서 바울은 그리스도 사역의 성격과 구속에 대한 진리와 은혜의 교리를 이야기하고 있다.

고린도전후서

이 편지들에서 바울은 그리스도인의 삶의 규범을 제시하고 교회 안의 무질서의 문제들에 대해 답을 준다.

갈라디아서

바울은 율법을 지킴으로 구원받는 것이 아니라 오직 믿음에 의해서만 가능하다는 것을 가르친다.

에베소서

에베소서는 교회의 연합과 그리스도 안에서 믿는 자의 신분에 대해 강조한다. 또한 그리스도의 몸으로서 그 신분에 맞는 성도의 영적인 삶에 대한 진리를 제시하고 있다.

빌립보서

빌립보서는 변함없는 사랑으로 바울의 선교를 돕는 빌립보 교회에게 바울이 감사와 교훈과 격려를 보내는 선교 서신이다.

골로새서

바울은 그리스도의 신성을 옹호하며, 골로새 교회가 직면하고 있는 율법주의와 거짓 신비주의라는 두 가지 문제에 대한 답을 제시한다.

데살로니가전후서

이 서신들은 그리스도의 재림과 믿음을 시작한 성도들에게 확신을 주는 것에 초점을 맞추고 있다.

디모데전후서

바울이 그의 제자 디모데가 교회의 목회를 잘 감당할 수 있도록 교회의 질서, 건전한 믿음, 징계, 성도로서의 거룩한 삶과 그리스도를 드러내는 증인의 삶에 대해 말한다.

디도서

디도서는 디모데전후서와 함께 목회서신으로 불린다. 디도서도 바울이 그의 제자 디도가 그레데에서 목회를 잘 감당하도록 교훈을 주고 있다.

빌레몬서

빌레몬서는 바울이 도망갔던 빌레몬의 종 오네시모의 회심을 전하며 그를 받아들이도록 빌레몬을 권면하는 편지이다. 이 편지는 삶 속에서의 의로움, 형제애, 사랑에 대한 가르침을 준다.

일반서신

'일반서신'이란 말은 바울 서신과 구별하기 위해 4세기경부터 사용되었다. 바울 외에 다른 저자들이 기록한 일반서신은 특정 교회가 아닌 일반 교회들에게 써서 보낸 것이다.

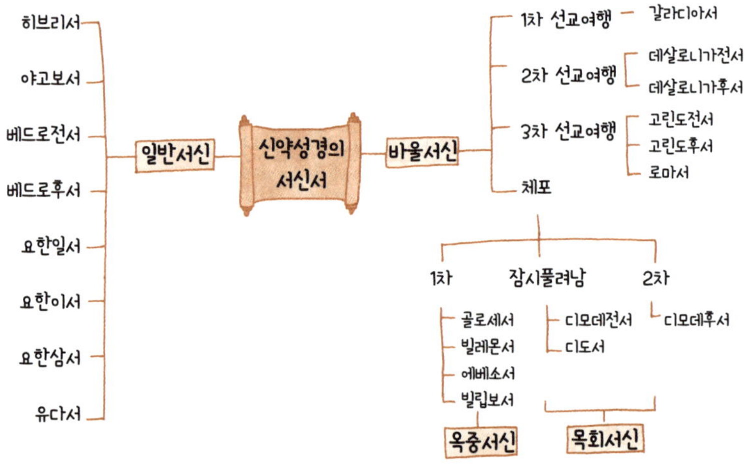

히브리서

히브리서의 핵심 주제는 새 언약의 중보자이신 예수 그리스도이다. 교리서로 여겨지는 히브리서는 유대주의의 좋은 것들과 그리스도의 더 좋은 것들을 비교한다.

야고보서

야고보서는 '살아 있는 믿음에는 반드시 선한 행실이 따른다는 것'에 초점을 맞춘다. 시험과 시련, 지혜로운 언어생활, 재물의 활용 등의 그리스도인의 생활 양식을 다룬다.

베드로전후서

베드로전후서는 우리의 죗값을 지불하신 그리스도의 속죄사역을 강조하면서 믿음의 토대인 하나님의 은혜를 다룬다. 이 서신들은 핍박받는 교회들에게 위로를 준다.

요한일이삼서

사도 요한이 사랑을 강조하고 적그리스도에 대해 경고한다.

유다서

한 장으로 이뤄진 이 편지는 교회에 임박한 배교를 경고하고 그것을 어떻게 감지하며 대처해야 하는지 말하고 있다.

예언서

요한계시록

요한계시록은 인류를 향한 하나님 계획의 절정으로 예수 그리스도의 최후 승리를 언급하고 있다. 이 책은 역사의 종말과 종말에 나타날 하나님의 영광을 계시로 나타내 보여 준다. 저자는 '큰 환란', 그리스도의 재림, 그리스도를 받아들인 자들을 위한 궁극적인 상급과 거부하는 자들에 대한 최후 심판을 그리고 있다. 이 책은 또한 하나님과 함께하는 천국과 영원에 대해 보여 준다.

제1과

마태복음

학 습 목 표 : 예수 그리스도와 구약과의 관계를 알게 되고 만왕의 왕으로서의 그리스도의 역할을 이해할 수 있다.

마태복음은 구약과 신약을 연결시켜 준다. 마태는 예수 그리스도가 구약성경에서 약속한 메시아이며 영원한 왕이고 구세주라는 것을 유대인들에게 입증하기 위해 이 책을 썼다. 마태는 유대인 독자들이 잘 이해할 수 있도록 다른 복음서보다 더 많이 구약성경을 인용하면서 예수님이 어떻게 구약의 예언을 성취했고 하나님의 나라를 이루시는지를 보여 주려고 했다.

마태복음은 "천국"이 33회나 언급되기 때문에 '천국복음'이라고 불리기도 한다.
또한 이 책은 그리스도를 따르는 자들이 하나님의 참된 백성이며 완성될 천국의 상속자들이라는 것을 보여 준다.

마태복음에 나타난 주요 내용

* 산상수훈
* 팔복
* 천국 비유들
* 주기도문
* 예수 그리스도의 신성에 대한 베드로의 고백

1 예수님의 족보

사복음서 중에서 오직 마태복음과 누가복음만이 예수님의 족보를 기록한다. 마태복음 1:1-17과 누가복음 3:23-38을 비교해보라.

1) 두 족보 사이에는 어떤 차이가 있는가?

마태복음은 아브라함부터 시작하지만, 누가복음은 아담으로 거슬러 올라간다.

마태복음은 유대 나라의 역사를 따라 시간적 순서로 족보를 기록하는데, 누가복음은 중간에 어떤 설명 없이 곧 바로 인류의 조상 아담으로 거슬러 올라간다.

두 복음서에 나오는 족보의 차이에 관해 어떤 성경학자들은 마태복음의 족보는 요셉의 조상을 따른 것이고, 누가복음의 족보는 마리아의 조상을 따른 족보라고 주장한다.

2) 마태복음이 예수 그리스도를 왕으로 선포하고 있음을 생각해볼 때, 왜 마태가 그런 방식으로 족보를 기록했다고 생각하는가?

마태는 예수 그리스도가 유대인의 왕권을 물려받을 법적 권리를 가지고 있음을 보여 주기 원했다. 또한 그는 그리스도가 유대의 예언을 성취하기 위해 가장 적절한 시간에 오셨음을 보여 주기를 원했다.

2 예수님의 설교

예수님의 생애를 기록하면서 마태는 그분이 말씀하신 주요 설교들을 체계적으로 정리하여 제시한다. 마태복음에 기록된 가장 긴 설교는 5-7장에 기록된 "산상수훈"이다.

1) 예수님께서 그의 제자들이 구약의 율법과 예언서의 도덕적 기준에 따라 사는 것이 중요하다고 생각하신 이유를 하나 들어보라. (마 5:16)

제자들의 착한 행실을 통해 하나님 아버지께 영광을 돌리게 하기 위해

2) 예수님은 그리스도인들이 선행을 행할 때 사람들에게 칭찬 받고 싶은 욕망을 극복하는데 도움이 되는 약속을 주셨다. 그 약속은 무엇인가? (마 6:1-18)

아버지 하나님께서 우리가 은밀히 하는 것을 보시고 상을 주실 것이다.

3) 예수님께서 그리스도인들이 음식이나 의복과 같은 육체적 필요들에 대한 걱정을 극복하는데 도움이 되는 확신을 주셨다. 그 확신은 무엇인가? (마 6:25-34)

우리의 아버지이신 하나님은 우리의 모든 필요를 아시고 우리를 돌보신다.

산상수훈(山上垂訓)은 역사상 가장 아름답고 유명한 설교라고 할 수 있다. 이 교훈은 큰 영향력을 가졌다. 예수님은 산상수훈을 통해 구약성경에 대한 주님의 관점을 당시의 서기관이나 바리새인들의 관점과 대조해서 보여주신다.

＊영적인 실제는 물질적인 세계를 초월한다(마 5:3-16).

예수님은 이 구절들에서 말씀하시는 '복'은 '행복'과 같은 말이며 진정으로 '만족함'을 말한다. 행복은 물질적인 소유나 겉으로 드러난 의로운 행동과 관련되는 것이 아니라 거룩한 성품, 진정한 영성과 관련된다.

행복 --〉 거룩한 성품, 진정한 영성

＊내적 순전함이 외적 경건을 초월한다(마 5:17-6:18).

예수님은 바리새인들이 영성을 외적인 모습으로 보이려고 하는 것을 책망하셨다. 진정한 믿음은 마음에 있으며 하나님의 법은 사람의 마음속에서 이루어진다.

＊경건한 믿음은 세상적인 염려를 초월한다(마 6:19-34).

예수님은 자신을 위하여 제물을 쌓아 두는 것에 대해 하나님의 제물을 함께 섬길 수 없다고 말씀하시며 물질주의를 책망하셨다.

＊형제 사랑은 비판적 판단을 초월한다(마7:1-12).

예수님은 자신은 살펴보지 않고 다른 사람을 비판하는 태도에 대해 자신의 큰 죄를 보지 못하고 다른 사람의 작은 잘못을 비판하는 위선이라고 책망하셨다.

* **진실한 헌신은 거짓 교리를 초월한다(마 7:13-29).**

천국에 들어가는 자는 주의 이름으로 큰 능력을 행하는 자가 아니라 주의 말씀을 듣고 행하는 자라고 예수님은 말씀하셨다.

예수님은 바리새파의 분위기에 젖어 살던 유대인들에게 산상수훈을 말씀하셨다. 그 당시의 종교 지도자들은 구약 율법의 진정한 의미를 왜곡시켜 형식적이고 위선적이며 피상적으로 만들어 버렸다. 예수님은 산상수훈을 통해 바리새인의 의(義)와 하나님의 의를 비교하면서 하나님 나라 백성의 삶을 말씀하시고 진정한 경건이 무엇인지 깨우쳐 주셨다.

산상수훈은 오늘날 우리에게 어떤 가치가 있을까?
산상수훈은 구원받는 방법에 대해서 말하지 않는다. 어느 누구도 그 높은 기준에 이를 수 없다. 이 교훈은 성격상 은혜가 아니라 법적인 것이다. 따라서 심판과 경고로 가득 차 있다(마 5:22-29.) 산상수훈을 최고의 윤리적 교훈이라고 찬사를 보낸다 할지라도 모든 사람들은 이 말씀의 정죄와 심판 아래 놓여있다.

우리는 산상수훈을 통해 하나님의 거룩하심과 순결하심을 본다. 하나님의 도덕적 기준의 정점에 해당하는 산상수훈에 비하면 인간의 윤리라는 것이 얼마나 얄팍하고 외면적인가?

산상수훈의 높은 윤리적 기준은 사람들이 십자가의 구원을 찾게 만들고 오직 성령의 능력을 힘입어 그 윤리적 수준에 이르도록 안내한다. 우리가 구원받은 자로서 심판과 정죄에서 벗어나 은혜의 삶을 사는 자라면, 오직 성령의 능력을 힘을 때 산상수훈이 우리 삶 속에서 진정한 가치를 발휘하게 될 것이다.

4) 아래 장들에서 마태가 기록한 예수님의 말씀을 읽고 당신에게 가장 뜻깊은 교훈을 적어 보라.

10장

13장

18장

24-25장

3 중요한 질문

마태복음 16:13에서 예수님은 자신에 대하여 중요한 질문을 하고 계신다.

1) 이 질문에 답하는 것이 왜 그렇게 중요한가?

예수 그리스도가 누구이신가를 아는 것이 우리가 하나님의 자녀가 될 것인지 아니면 하나님으로부터 영원히 분리될 것인지를 결정하기 때문이다.

2) 예수님이 베드로의 대답은 하나님께서 알게 해 주신 것이라고 말씀하신 이유는 무엇인가? (14-17절)

베드로는 예수님이 그리스도이시고 살아계신 하나님의 아들이라는 사실을 종교 지도자들이나 다른 사람들에게서 배울 수 없었다. 오직 하나님이 깨닫게 해주실 때에만 이런 영적인 지식을 이해할 수 있다.

4 가장 큰 계명

마태복음 22:34-40을 읽으라.

1) 예수님은 어떤 의미로 이 두 계명이 모든 율법과 선지서의 강령이라고 말씀하셨는가?

"온 율법과 선지자의 강령"이라는 표현은 모든 율법과 선지서의 요약이라는 뜻이다. 이는 우리가 온 마음을 다해 하나님을 사랑할 때 그분의 계명들을 순종하게 된다는 것이다. 그리고 우리가 다른 사람들을 사랑할 때 우리는 두 가지 목적을 이루게 된다.

첫째, 그것을 통해 우리가 하나님을 사랑한다는 것을 증명할 수 있다.

둘째, 우리는 하나님이 원하시는 대로 다른 사람들을 대할 수 있게 된다.

구약의 모든 법들은 이 두 개의 원리에 의해 실현된다.

참고: '온 율법과 선지자'는 전형적으로 구약성경을 일컫는 표현이다. 예수님 당시에 신약성경은 존재하지 않았으므로 예수님은 구약의 하나님 말씀 전체를 가리키신 것이다.

2) 마태복음은 예수님이 이 두 계명을 실행하신 것을 어떻게 보여 주고 있는가?

예수님이 병든 자를 고쳐 주시고 모든 종류의 어려운 사람들을 도우신 것(4:23-24 9:35 15;29-30), 오천명을 먹이신 것, 사천 명을 먹이신 것, 베드로를 용서해주신 것, 우리를 위해 자신의 목숨을 버리신 것을 통해서 보여 준다.

5 지상명령

마태복음 28:18-20을 읽으라.

예수님은 승천하시기 전에 그의 제자들에게 가장 중요한 명령을 주셨다. 많은 사람들이 이것을 지상명령이라고 부른다.

1) 예수님의 지상명령을 자신의 말로 바꾸어 써보라.

2) 모든 족속을 제자로 삼으라는 예수님의 목표가 다른 인간 통치자의 목표와 어떻게 다른가?

인간 통치자들은 대부분 권력을 가지고 사람들 위에 군림하고 자신의 목적을 이루기 위해 사람들을 희생시킨다. 반면 예수님은 사람들을 무조건적으로 사랑하시며 그들에게 구원이라는 궁극적 유익을 주시기 위해 모든 것을 아끼지 아니하신다.

3) 지상명령은 당신에게 무엇을 의미하는가?

(이 명령은 당시의 제자들에게만 주신 것이 아니라 오늘날 모든 그리스도인들에게 주신 명령이다. 순장은 순원들에게 이 명령이 그들 각자에게 주신 것이라는 것을 깨닫도록 인도하라.)

[보충자료 1]

사복음서 비교

어느 토요일 아침에 자동차 사고가 났다고 가정해보자. 길을 지나던 네 사람이 이를 목격했다. 그 네 사람은 변호사, 작가, 가정주부, 십대의 학생이었다. 경찰이 와서 이들의 증언을 듣는다면, 이들의 관점이 다르기 때문에 각각 자세하게 묘사하는 부분이 다 다를 것이다. 그러나 이 네 명의 이야기를 종합해 본다면 훨씬 더 분명한 사고 경위를 알게 될 것이다. 한 사건을 보고할 때 네 사람의 보고가 한 사람의 보고보다 더 분명하고 완벽하듯, 네 권의 복음서들은 예수님의 삶과 사역을 각기 다른 각도에서 보았으나 모두 완전한 조화를 이루고 있다.

1. **마태복음** – 유대인의 왕이요 메시아로 오신 예수님을 소개한다. 유대인들을 위해 기록되었다. (마 1:1; 5:17–19)

2. **마가복음** – 마가는 예수님을 악한 영들, 질병, 죽음 등을 정복하신 위대한 승리자로 소개한다. 또한 고통당하시고 마침내 승리를 거두는 종의 모습으로도 소개한다. 마가복음은 원래 로마 그리스도인들을 위해 기록되었다고 추정된다. (막 10:45)

3. **누가복음** – 구세주 하나님인 동시에 완전한 인간으로서의 예수님을 소개한다. 헬라인을 염두에 두고 기록했다. (눅 2:11; 19:10)

4. **요한복음** – 예수님을 하나님으로 소개한다. 모든 사람을 위해 기록되었다. (요 1:1–14)

[보충자료 2]

마태복음에 나타난 예언의 성취

예언은 예언자들이 말이나 글로 전하는 메시지로서 하나님의 능력과 지혜를 보여 준다. **예언의 목적**은 세상에 대한 주님의 계획과 목적을 드러내는 것이다.

내용	성취	예언
다윗의 자손	마태복음 1:1; 22:42–45	이사야 9:6–7
동정녀로부터의 탄생	마태복음 1:18–25	이사야 7:14
베들레헴에서 탄생	마태복음 2:1–11	미가 5:2

애굽에 머무름	마태복음 2:13-15	호세아 11:1
갈릴리에서의 생활	마태복음 4:12-16	이사야 9:1, 2
엘리야와 같은 사자(使者, Messenger)가 길을 예비하며 그의 오심을 알림	마태복음 3:1-11	이사야 40:3-5; 말라기3:1; 4:5-6
베들레헴의 자녀들이 슬퍼 통곡하는 때에 메시아가 오심	마태복음 2:16-18	예레미야 31:15
긍휼을 베푸심	마태복음 12:9-21	이사야 42:1-4
병 고치는 사역	마태복음 8:14-17	이사야 53:4
비유를 들어 가르치심	마태복음 13:10-16	이사야 6:9-10
지도자들로부터 불신과 미움과 거부를 당함	마태복음 15:1-10	이사야 29:13
승리의 예루살렘 입성(入城)	마태복음 21:1-9	스가랴 9:9
죽임 당한 목자	마태복음 26:31	스가랴 13:7
은화 30개로 친구에게 배신당함	마태복음 27:3-10	시편 41:9; 슥 11;12-13
부자에 의해 장사됨	마태복음 27:57-60	이사야 53:9
운명하실 때의 말씀들	마태복음 27:46	시편 22:1
3일 만의 부활	마태복음 12:40; 28:1-10	시편 16:10, 11

적용

1. 이 과에서 당신에게 가장 의미 있는 것은 무엇인가?

2. 왕이신 그리스도께서 당신의 생활을 다스리시도록 하기 위해 어떤 영역을 그에게 맡길 것인가? 구체적으로 적어보라. 각 영역을 그분이 주장하시도록 기도로 요청하라.

3. 당신의 삶에서 지상명령을 더 잘 적용할 수 있는 방법을 적어보라.

가정 생활 :

일터/학교생활 :

외울 말씀 마태복음 28:18-20
예수께서 나아와 말씀하여 이르시되 하늘과 땅의 모든 권세를 내게 주셨으니 그러므로 너희는 가서 모든 민족을 제자로 삼아 아버지와 아들과 성령의 이름으로 세례를 베풀고 내가 너희에게 분부한 모든 것을 가르쳐 지키게 하라 볼지어다 내가 세상 끝날까지 너희와 항상 함께 있으리라 하시니라

읽을 말씀 마태복음 5-7장

제2과
마가복음

학 습 목 표 : 예수님께서 종의 모습으로 하나님을 섬기신 것과 어떻게 사람들을 깊이 돌보셨는지를 배울 수 있다.

신약성경에서 마태복음이 마가복음보다 앞에 나와 있지만, 마가복음이 4복음서 중에 가장 빨리 기록되었다고 본다. 마가복음은 로마에 있는 그리스도인들에게 복음을 전하기 위해 A.D. 60–70년 사이에 로마에서 기록하고 발간한 것 같다. 로마 사람들은 실용적인 것을 좋아하는 사람들이어서 유대인의 역사와 신앙에 대해서는 관심이 없었다. 또한 그들은 생각하기보다는 행동하는 것을 좋아했기 때문에 마가는 예수님의 말씀보다 그의 기적과 행적으로 가득한 복음서를 썼다.

마가복음 --〉 예수님의 기적과 행적 강조

마태와 마가는 복음에 대해 서로 다르게 접근한다. 마태는 예수님을 다윗의 후손이요 구약의 예언을 성취한 왕으로 묘사한 반면, 마가는 십자가의 죽으심과 부활하심으로 죄와 사탄을 정복하시고 영원한 구원을 이루신 하나님의 종으로 묘사한다.

로마교회는 이방인과 유대인 모두를 포함하고 있어서 모든 사람을 제자로 부르시는 예수님의 우주적인 부르심을 강조한다. 마태와 마가가 복음에 대해 다르게 접근하지만, 모두 온 세상에 가서 복음을 전하라는 주님의 지상명령을 말하고 있다.

마가복음은 사복음서 중 가장 짧지만 사람들에게 보이셨던 예수님의 사랑과 그가 완성하려고 하셨던 사명으로 가득차 있다.

마태복음 --〉 예수님의 왕 되심
마가복음 --〉 예수님의 종 되심

1 예수님의 사역

1) 마가는 예수님이 오신 목적이 무엇이라고 말하는가? (막 10:45)

예수님은 사람들을 섬기고 그들을 위하여 자신의 목숨을 대속물로 주려고 오셨다고 말한다.

대속물: 노예를 자유롭게 하거나 죄인을 죄의 형벌로부터 구원하기 위해 치루는 값

2) 예수님은 왜 제자들을 세우셨는가? (막 3:13-15)

① 예수님과 함께 있게 하고 · ② 보내어 전도하게 하고 ③ 귀신을 내어쫓는 권세도 있게 하려고 세우셨다. 즉 예수님께 배우고 그의 삶과 사역을 그대로 행하게 하기 위해 제자로 세우셨다.

3) 예수님께서 제자들에게 요구하셨던 자질은 무엇이었는가? (막 1:16-20)

유용성과 순종하려는 자발성을 요구하셨다.

4) 당시 종교지도자들은 예수님이 행하신 것들에 대해서 왜 화를 냈는가? (막 2:1-3:6)

1-12절 하나님 한 분만이 죄를 용서해주실 수 있는데 예수님이 중풍병자에게 그의 죄를 용서하신다고 말씀하셨기 때문이다.

13-17절 당시 부정한 자로 여겼던 세리나 죄인들과 함께 식사하심으로 정결과 부정함을 구별하는 율법 또는 자신들의 전통을 무너뜨렸다고 생각했기 때문이다.

18-22절 예수님이 제자들에게 유대인들의 전통을 따라 금식을 시키지 않기 때문이다.

23-28절 예수님의 제자들이 안식일에 이삭을 잘라 먹으므로 안식일에 일을 했다고 생각했기 때문이다.

3:1-6절 안식일에 사람을 고치시므로 안식일을 범했다고 생각했기 때문이다. 예수님은 율법을 제정하신 하나님으로서 율법의 근본정신을 따라 행하셨지만(마 23:23) 유대인 지도자들은 예수님이 하나님이심을 믿지 않고 율법의 정신보다는 조항 자체를 지키는 데 급급했기 때문이다.

모든 사람을 인내로 섬기시는 것을 통해 예수님이 사랑의 마음을 가지신 것을 알 수 있다. 주님은 어린 아이들, 소외된 자들, 병든 자들, 귀신 들린 자들, 심지어 대적하는 자들을 위해 시간을 보내셨다. 예수님이 얼마나 피곤하셨을지 상상해보라! 많은 사람들이 어디서든 그를 따랐고, 군중들은 예수님을 보려고 서로 밀고 당겼다. 모든 사람이 예수님께 무엇인가를 원했다. 바리새인들은 끊임없이 예수님의 잘못된 행동을 책잡으려고 했다. 예수님은 제자들을 가르칠 시간도 그들의 일을 잘 하도록 준비시킬 시간도 거의 없었다. 그리고 얼마 후에는 거절과 죽음이 기다린다는 것을 알고 있었다. 그 와중에서 그는 가르치시고, 병을 고치시고, 죄인을 용서하시며, 고통을 당하고 죽으셨다. 마가복음에서는 예수님이 다른 사람을 섬겼던 방식을 보여 준다.

그의 사역은 진정한 섬김의 왕(Servant-King)으로서의 사역이었다.

2 예수님의 기적

1) 마가복음 4-5장에서 예수님이 행하신 네 가지 기적을 적어보라. 각 기적에 나타난 예수님은 어떤 분이신가?

① 4:35-41 바람과 바다를 잠잠케 하심-바람과 바다(자연 만물)를 다스리시는 분

② 5:1-20 군대 귀신 들린 자를 온전케 하심-악한 영을 다스리시는 분

③ 5:21-23, 35-43 회당장 야이로의 죽은 딸을 살리심-생명의 근원이 되시는 분, 삶과 죽음을 주관하시는 분

④ 5:25-34 12년 간 혈루증을 앓던 여인을 고치심-질병을 다스리시는 분

혈루증 : 만성 자궁출혈로 여자의 자궁에서 정상적인 생리와 관계없이 피가 불규칙하게 장기간 출혈되는 병이다. 레위기에서는 혈루증은 부정한 병으로 그 사람이 만지는 물건이나 그와 접촉하는 사람도 부정하다고 여겼다(15:25).

2) 예수님이 기적을 행하시는 것을 방해하는 것은 무엇인가? (막 6:1-6)

사람들의 믿음 없음, 불신

예수님이 베푸신 기적은 하나님의 임재와 능력을 초자연적으로 나타내심으로 예수님이 가르치시려고 하는 진리를 사람들이 주목하고 받아들일 수 있도록 도왔다. 기적은 예수님이 하나님으로부터 왔다는 증거가 될 뿐 아니라 동시에 사람들의 당면한 필요를 채우는 방법이기도 했다. 예수님은 하나님의 종으로 사역하시면서 기적을 통해 하나님의 능력과 사랑을 나타내셨다.

마가복음에 기록된 다른 기적들

- **신체적 병의 치료**

  베드로의 장모 – 1:29-31

  각종 병든 자 – 1:32-34, 5:25-29

  나병환자 – 1:40-45

  중풍병자 – 2:3-12

  손 마른 사람 – 3:1-5

  귀먹고 말 더듬는 사람- 7:31-37

  맹인 – 8:22-26

- **자연을 다스리심**

  5,000명을 먹이심 – 6:34-44

  물 위를 걸으심 – 6:45-52

  4,000명을 먹이심 – 8:1-9

  무화과나무를 마르게 하심 – 11:12-14

- **귀신들린 자를 고치심**
  회당의 귀신들린 자 - 1:23-27
  수로보니게 여인의 딸 - 7:24-30
  귀신들려 말 못하는 아들 - 9:14-29

3 예수님의 죽음과 부활

마태는 예수님의 죽음과 부활을 통하여 그가 메시아이시고 왕이심을 확증한다. 마가는 예수님의 죽음을 통해 그가 죽기까지 복종하신 종의 모습을 보여주며 부활하시고 승천하심으로 예수님이 영광스런 하나님의 아들이신 것을 보여 준다(마 26-28장; 막 14-16장).

1) 마태복음과 마가복음이 어떻게 끝나는지 비교해보라. 이것은 무엇을 의미하는가? (마 28:18-20; 막 16:19-20)

예수님을 왕으로 나타낸 마태는 권위 있는 왕의 명령(지상명령)으로 마치고, 예수님을 종으로 표현한 마가는 승천하시고 하나님 보좌 우편에 앉으신 후에도 여전히 성령으로 제자들과 함께 말씀을 증거하시는 것으로 마무리한다. 이러한 마무리는 두 책의 기록 목적과 일치하는 것을 볼 수 있다.

2) 종 되신 그리스도께서 어떻게 높아지셨는지 적어보라. (막 16:1-20)

예수님은 죽음에서 살아나실 능력이 있으셨다. 천사가 예수님의 부활을 선언했다. 예수님은 많은 믿는 자들에게 나타나셨다. 하늘에 오르셨고 하나님의 보좌 우편에 앉으셨다.

3) 예수님의 왕의 특성과 종의 특성을 말해보라. 예수님의 삶 속에서 어떻게 조화롭게 나타났는가?

예수님은 다윗의 후손으로 메시아이시고 왕이셨지만 하나님 아버지께 복종하셨다. 능력을 가지셨지만 겸손하셨다. 그는 자신을 낮추셨지만 또한 온 세상을 다스리신다. 그는 정의롭고 은혜로우시다. 그는 경배를 받으셨지만 자신을 높이지 않으셨다.

예수님은 근본 하나님의 본체시지만 자기를 비워 종의 모습을 취하셔서 우리와 똑같은 사람이 되셨고, 자기를 온전히 낮추시고 십자가에 죽기까지 하나님께 복종하셨다(빌 2:6-8). 예수님의 성육신과 죽으심은 종으로서의 사역의 절정이라고 할 수 있다.

십자가에서 죽으시고 부활, 승천하신 주님은 이제 높임을 받아 하나님 아버지의 우편에 앉아 모든 권세를 가지고 계시지만, 성도들을 위해 하나님께 끊임없이 중보기도를 드리신다.

적용

1. 이 과에서 당신에게 가장 의미 있는 것은 무엇인가?

2. 예수님의 종 되심에서 당신은 어떻게 느끼고 무엇을 배웠는가?

3. "너희 중에 누구든지 으뜸이 되고자 하는 자는 모든 사람의 종이 되어야 하리라" (막 10:44-45)는 말씀을 당신의 삶 속에서(가정, 일터, 교회, 학교) 어떻게 적용할 수 있겠는가?

마가복음은 예수님이 이 세상에 오셔서 어떻게 섬기셨는지를 보여 준다. 그리스도인으로서 다른 사람들을 섬길 때 주의해야 할 것이 있다. 때때로 우리는 섬기면서도 스스로 영광을 받고 인정을 받으려고 한다. 다른 사람을 섬긴다는 명목으로 그리스도의 영광을 취해서는 안 된다. 무슨일을 하든 올바른 태도와 선한 동기를 가지고 있는지 스스로 점검해 보아야 한다. 그렇게 할 때 그리스도께서 우리를 섬기셨던 것처럼 우리도 다른 사람을 섬길 수 있다.

외울 말씀 마가복음 10:44-45

너희 중에 누구든지 으뜸이 되고자 하는 자는 모든 사람의 종이 되어야
하리라 인자가 온 것은 섬김을 받으려 함이 아니라 도리어 섬기려 하고
자기 목숨을 많은 사람의 대속물로 주려 함이니라

읽을 말씀 마가복음 14-16장

제3과 누가복음

학 습 목 표 : 인간으로 오신 예수 그리스도를 깊이 이해할 수 있다.

누가복음은 구세주가 되시려고 인간으로 오신 예수님의 생애를 시간의 순서에 따라 정확하고 포괄적으로 그린다. 그리스도의 탄생과 그의 어린 시절을 가장 자세하게 기술하고 있으며 다른 복음서에 나오지 않는 선한 사마리아인과 탕자의 비유, 그리고 십자가상의 강도와 같은 소외된 사람들의 이야기를 기록하고 있다. 누가는 제자들 뿐 아니라 가난한 자들, 소외된 자들, 죄인들을 향한 예수님의 사랑을 묘사한다. 또한 예수님이 어떻게 성령을 전적으로 의지하셨는지를 보여 준다.

누가는 당시 가장 발달된 문화를 누렸던 헬라인들을 위해 복음서를 썼다. 헬라 교육을 받은 의사였던 누가는 그의 독자들이 이상적이고 완전한 사람의 전형으로 예수에게 사로잡히게 될 것을 알았다.

누가는 환경의 제약과 영향 아래 있는 예수님의 인간적인 면을 보여 줌과 동시에 완전한 하나님으로서의 예수 그리스도를 그리고 있다.

1 서론

누가복음 1:1-4을 읽으라.

1) 누가복음의 원래 수신자는 누구이며 어떤 사람인가?

수신자는 데오빌로이고 그의 이름을 보면 그는 유대인이 아니고 헬라인이었던 것 같다. 누가가 그를 '각하'라고 부르는 것을 통해 그는 당시 고위 공직자였음을 알 수 있다. 사도행전도 누가가 데오빌로를 염두에 두고 기록한 것이다(행1:1). 누가복음에서는 데오빌로를 각하라고 부르지만 사도행전에서는 각하라고 부르지 않은 것은 믿음의 형제로 대하는 것 같다. 아마도 그 사이에 데오빌로가 믿음을 갖게 되었거나 더욱 성숙해진 것으로 보인다.

2) 이 복음서의 수신자는 이미 예수님의 교훈에 대해 알고 있었다. 어떻게 그것을 알 수 있는가?

4절에 "각하가 알고 있는 바"라는 표현을 통해 알 수 있다.

3) 누가는 이 복음서를 왜 데오빌로에게 썼는가?

데오빌로가 진리를 더 분명하게 알고 확신을 가질 수 있도록 하기 위해 썼다.

4) 누가가 데오빌로에게 복음을 전한 것은 어떤 면에서 효과적인 전도 방법이라고 할 수 있을까?

누가는 당시 사회의 지도자("데오빌로 각하")에게 복음을 전하므로 지도자가 가진 사회적 영향력을 복음을 위해 사용할 수 있었다. 하나님은 자신의 일을 행하기 위해 최상의 방법으로 시간과 조직을 사용하신다.

누가는 예수의 생애를 논리적이고 고전적인 필체로 아름답고도 완벽하게 묘사했다. '역사상 가장 아름다운 책'으로 불리는 누가복음을 통하여 그는 사색적이고 문화적이며 철학적인 헬라인들에게 예수 그리스도의 복음을 제시했다.
누가는 의사이기 이전에 선교사로서 그리스도의 복음을 잘 이해한 증인이었다(눅 1:1-4). 누가는 사도행전의 저자이기도 하다. 바울은 그를 '사랑받는 의사'(골 4:14), "나의 동역자"(몬 24절)라고 불렀다. 사도행전에서 누가는 바울의 동역자로 자주 나타난다. 바울이 임종 직전에 누가와 함께 있었다고 말한다(딤후 4:11).

2 예수님의 사역

1) 예수님이 사역하시면서 만났던 사람들과 그의 사역으로 나타난 결과를 적어보라.

(1) 6:17-19 병들고 귀신들린 사람들 - 예수님께 고침을 받았다.

(2) 7:36-50 죄를 지은 한 여자가 회개하는 마음으로 예수님을 찾아와 그 발에 입 맞추고 머리털로 씻으며 향유를 부었다. - 예수님께 죄를 용서받고 구원 받았다.

(참고) 발에 입을 맞추고 머리 털로 씻으며 향유를 부은 것은 그 여자가 예수님을 하나님으로 믿고 예배하는 행위라고 할 수 있다.

(3) 8:1-3 귀신들린 사람과 병든 여인을 예수님이 구원하셨다 - 감사와 사랑의 마음으로 그들은 예수님을 따랐고 재정적으로 예수님을 도왔다.

(4) 15:1-7 세리들과 죄인들 - 그들은 죄를 용서받고 받아들여졌다.

(5) 17:11-19 나병환자 열 명 - 그들은 고침을 받았다. 그러나 그 중 한 명만 예수님께 돌아와서 감사하고 하나님을 찬양하므로 구원을 받았다.

(6) 23:39-43 십자가에 못 박힌 강도 - 그는 그날 예수님과 함께 낙원에 있게 되었다.

2) 오늘날 예수님이 당신이 살고 있는 지역에 계신다면 어디에서 사역하실 것 같은가?

예수님은 다른 사람들이 회피하는 사람들과 함께하셨다. 예수님과 가까이 지냈던 사람들을 생각해보라. 어부, 세리, 병든 자들, 귀신들린 자들, 부도덕한 자들이었다. 이들은 사회의 부유층이나 지도층이 아니었다. 물론 예수님은 종교 지도자들, 지성인들, 부유한 자들과도 시간을 보내셨다. 이러한 대조는 그분의 죽음의 현장에서도 분명하게 드러난다. 예수님은 그의 옆에서 십자가형을 받은 강도에게 복음을 전하셨고, 예수님의 시체는 그를 사랑하는 부자에 의해서 장사되었다.

우리의 일은 예수님께서 하셨던 것처럼 사람들을 돌보는 일이다. 누가복음 19:10에서 "인자가 온 것은 잃어버린 자를 찾아 구원하려 함이니라."고 예수님은 말씀하셨다. 사람의 사회적 위치, 재산, 재능은 예수님에게 문제가 되지 않았다. 중요한 것은 그들에게 영원한 생명을 줄 수 있는 구세주에 대한 필요를 깨닫게 해주고 채워주는 것이었다.

3 예수님의 기도

1) 기도에 대한 세 가지 비유를 읽으라. 각각의 비유는 기도에 대해 무엇을 말하고 있는가?

(1) 누가복음 11:5-13 끈질기게 강청하는 기도는 반드시 응답된다. 하나님은 우리의 아버지로서 우리가 필요한 것을 구할 때 가장 좋은 것으로 주신다. (응답에는 Yes, No, Wait가 있다.)

(2) 누가복음 18:1-8 항상 기도해야 하고 기도하다가 낙심하여 포기하지 말아야 한다. 믿음이 있는 자만이 포기하지 않고 끝까지 기도한다.

[누가복음 18:1-8의 비유]
당시 집들은 거의 방이 하나였고 부모와 자녀가 함께 바닥에 이불을 깔고 잠을 잤다. 한밤중에 문을 두드리는 것은 온 집안의 가족 전체를 깨우는 일이었다. 그러나 이웃이 실례를 무릅쓰고 담대하게 나아와 끈질기게 요청할 때 그가 요구하는 것을 들어줄 것이다. 하물며 은혜로우신 하나님이 담대하고 끈기 있게 기도하는 자의 기도를 들어주시지 않겠는가!

(3) 누가복음 18:9-14 진정한 기도는 겸손함을 요구한다는 것.

[누가복음 18:9-14의 비유]
예수님은 마음의 태도가 행동보다 중요함을 반복하여 가르치셨다. 이 비유에 등장하는 바리새인은 일주일에 두 번씩 금식했다. 이는 율법이 요구하는 것 이상으로 금식하는 것이다. 그는 그의 행위가 그를 의롭게 할 것이라고 생각했지만, 마음의 태도가 잘못되었기 때문에 하나님을 기쁘시게 할 수 없었다. 그러나 세리의 회개는 하나님 앞에서 그의 많은 죄를 덮고 의롭다하심을 얻게 했다.

2) 예수님은 어떻게 기도의 본을 보이셨는가?

(1) 5:15-16 바쁜 사역 속에서도 기도의 우선순위를 놓치지 않으셨다.

(2) 6:12-13 제자를 선택하는 중요한 일을 앞에 놓고 밤새도록 하나님께 기도했다.

(3) 11:1 예수님의 기도생활을 통해 제자들에게 자연스럽게 기도를 가르치셨다.

(4) 22:39-44 예수님은 제자들의 믿음을 위해 계속 기도하셨다.

(5) 23:46 예수님은 자신이 원하는대로 하지 않고 하나님의 뜻에 순종하기 위해 간절히 기도하셨다.

3) 당신의 삶에 예수님의 기도의 본을 어떻게 적용할 수 있겠는가?

4 예수님의 고난

1) 누가는 예수님이 그리스도임에도 불구하고 죄인들에 의해 고난을 받고 죽게 될 것을 여러 번 언급한다(눅 9:22-31; 13:31-35; 18:31-34; 24:7, 25-27, 44-47). 예수님이 자신의 죽음을 왜 여러 번 말씀하셨다고 생각하는가?(18:31-34)

제자들이 예수님이 하신 말씀을 깨닫지 못했기 때문에 예수님은 자신의 죽음과 부활을 준비시키기 위해 여러 번 말씀하셨다. 그들은 예수님이 승천하신 후에야 이를 이해했고 신약성경에 기록할 수 있었다.

2) 왜 사람들은 예수님을 십자가에 처형하기를 원했는가? (눅 22:66-23:5, 참고:눅 1:47-48)

예수님이 자신이 하나님의 아들이라고 말씀하셨기 때문이다. 그들은 신성모독으로 예수님을 고소했다. 백성의 지도자들은 예수님의 능력과 인기를 두려워했다.

3) 예수님의 고난과 죽음이 하나님의 계획하심이었다는 것을 어떻게 알 수 있는가?

예수님이 고난 당하시기 전에 미리 여러 번 고난 당하실 것을 말씀하셨기 때문에 확신할 수 있다.

예수님이 능력과 권세가 없어서 유대인들에게 잡혀 죽으신 것이 아니라 우리를 위해 스스로 자원하여 죽임을 당하셨다. 이는 하나님이 우리를 얼마나 깊이 사랑하시고 보살피시는지를 알 수 있다.

5 예수님의 부활

1) 예수님이 다시 살아나신 것을 여자들이 먼저 알게 된 이유가 무엇인가? (눅 23:26-27, 48-49, 55-56; 24:1-9)

여자들이 신실하게 끝까지 예수님을 따라갔기 때문이다. 그들은 십자가에 못 박히는 곳까지 예수님을 따랐으며, 예수님의 고통과 죽음을 지켰다. 그들은 예수님이 묻히는 장소를 보기 위해서 무덤까지 갔다. 그리고 예수님의 시신에 향품과 향유를 붓기 위해 죽은지 사흘 되던 날에 다시 무덤으로 갔기 때문이다.

2) 이것은 당신이 주님을 충성스럽게 섬기는 일에 있어서 어떤 의미가 있는가?

3) 예수님은 제자들이 부활을 믿고 확신할 수 있도록 무슨 일을 하셨는가?(눅 24:13-49)

* 엠마오로 가는 제자들에게 나타나셨고 예루살렘에 함께 모여 있는 제자들 앞에 나타나셨다.

* 구약성경에 기록된 그리스도에 관한 내용을 자세히 설명해 주시고 마음을 열어 깨닫게 해주셨다.
* 제자들에게 손과 발을 보이시고 구운 생선을 잡수셨다.

[보충자료]

다른 복음서에서는 거의 언급하지 않은 예수님의 유년시절에 대해 누가복음은 2:40-52에서 간략하게 말해준다.

1. 심령이 강하고 지혜로움 - 2:40
2. 12세 때에 랍비(성경학자)들과 토론하며 배우셨다. - 2:46-47
3. 배움의 열정이 있었고 그의 이해력은 사람들을 놀라게 했다. - 2:43-47
4. 하나님 아버지의 일에 우선순위를 두셨다. - 2:49
5. 부모님께 순종하셨다. - 2:51
6. 하나님을 영화롭게 하면서 사람들을 기쁘게 했다. - 2:52

누가가 특별히 강조한 점은 예수님의 인성이다. 다른 복음서의 저자들처럼 예수님을 하나님의 아들로서 묘사도 하지만, 병들고, 약하고, 고통받고 소외된 사람들에게 긍휼의 마음을 베풀었던 예수님을 강조한다.

마태복음의 예수님의 족보는 요셉의 혈통을 따랐고 누가복음의 족보는 마리아의 혈통을 따랐다고 말한다. 하나님은 아브라함이라는 한 가족을 택하여 하나님의 아들을 세상에 보내는 길을 준비하셨다. 아브라함의 계보는 후에 다윗의 가족으로 구체화되었다. 하나님은 세상에 오실 그의 아들의 혈통을 보전하기 위해 수 세기를 걸쳐 히브리 민족을 세우시고 지켜 오셨다. 마태는 아브라함으로부터 시작되는 예수님의 족보를 기록했지만, 누가의 족보는 아담까지 거슬러 올라갔다. 이것을 통해 모든 인간이 아담에서 시작되었다는 사실을 보여 준다. 또한 그리스도가 차별 없이 모든 인간을 위해 오셨다는 사실을 분명하게 보여 주고 있다.

적용

1. 이 과에서 당신에게 가장 의미 있는 것은 무엇인가?

2. 우리를 위해 고난 당하신 예수님의 모범은 당신이 삶에서 위기를 당할 때 어떤 도움을 주는가?

3. 예수님이 사역 속에서 만났던 사람들을 볼 때, 이것이 당신의 섬김에 어떤 영향을 미치는가? 당신이 예수님처럼 긍휼을 실천할 수 있는 방법들을 몇 가지 적어보라.

외울 말씀

누가복음 19:10
인자가 온 것은 잃어버린 자를 찾아 구원하려 함이니라

읽을 말씀

누가복음 2장

제4과 요한복음

학 습 목 표 : 예수님이 하나님의 아들 되심을 살펴볼 수 있다.

> 이 과는 예수님의 칭호, 그가 베푸신 기적, 예수님의 제자들, 성령을 통해 예수님이 하나님이심을 보여주는데 초점을 맞춘다.

“사랑의 복음”이라고 불리는 요한복음은 많은 그리스도인들로부터 가장 큰 사랑을 받고 있다. 요한은 예수님이 하나님의 아들이며 그를 믿는 자는 영생을 얻게 된다는 것을 확실히 입증하려고 했다. 예수님을 “세상 죄를 지고 가는 하나님의 어린양”(요 1:29)으로, 인간의 몸을 입고 오셔서 사람들 중에 사셨던 창조주로 묘사하면서 예수 그리스도의 유일성에 초점을 맞춘다.

복음서들을 함께 살펴보면 가르침의 진전을 발견하게 된다. 예를 들어 마태복음은 부활로 끝나고(마 28:16-20) 마가복음은 승천으로 끝난다(막 16:19). 누가복음은 성령에 대한 약속을 주고(눅 24:49) 요한복음에서는 예수께서 제자들에게 성령을 불어 넣어 주시며 다시 오실 것을 말씀하신다(요 20:22).

요한복음을 제외한 세 복음서를 공관복음이라 부른다. '공관(共觀)'이란 말은 저자들(마태, 마가, 누가)이 같은 관점으로 예수님의 생애를 보았다는 것을 의미한다. 마태복음 내용의 절반 이상이 마가복음에도 있으며 최소한 누가복음의 3분의 1이 마가복음에서 비슷한 형태로 나타난다. 55절 정도를 제외한 마가복음의 내용 전체가 마태복음이나 누가복음에 나온다. 마태복음과 누가복음의 약 4분의 1이 비슷한 내용인데, 마가복음에서는 찾아볼 수 없는 내용이다. 각 복음서는 그리스도의 삶과 가르침을 다른 각도에서 기록했다. 마태는 마태복음의 많은 사건들을 실제로 본 목격자였고, 마가는 실제로 본 증인인 베드로의 도움을 받아 기록했다고 추정한다. 의사요 역사가인 누가는 다양한 직접적인 자료들을 사용했을 것이다(눅 1:1-4).

요한이 쓴 제 4복음서는 공관복음과는 다르다. 이 복음서 역시 목격자의 증언(요 21:24)이지만, 사건의 빠른 진행보다는 그리스도의 삶과 가르침에 집중하고 있다. 요한복음의 내용은 수년 전에 이미 기록된 다른 복음서의 내용들을 좀 더 깊이 숙고하여 철학적이고 주관적이고 해석적으로 쓰고 있다. 또한 요한은 다른 복음서에 나타나지 않는 새로운 자료들을 많이 담고 있다. 그는 단지 몇 사건들만을 선별하여 그것을 확대 설명하였는데, 이는 예수 그리스도를 믿게 하기 위해 특별한 목적으로 선별되었다.

요한복음에서 특별히 강조하는 것은 그리스도의 신성(神性)이지만 예수님께 대한 믿음과 신뢰도 강조한다. 흥미로운 것은 예수님이 하나님의 아들 되심에 대한 유대인들의 완고한 거부와 불신이 믿음과 신뢰라는 요한복음의 주제를 더욱 강화한다.

사복음서의 강조

* 마태 : 왕 되신 그리스도
* 마가 : 종 되신 그리스도
* 누가 : 그리스도의 인성
* 요한 : 그리스도의 신성

1 예수님의 명칭

1) 요한복음 1:1-18을 읽으라.

(1) 예수님을 말씀이라고 부르는 이유는 무엇인가? (요 1:1-3, 18)

예수님이 하나님을 나타내 보이고 알게 해 주시기 때문이다.

(2) 예수님을 빛으로 부르는 이유는 무엇인가? (요 1:4-13)

예수님이 죄의 어두움으로부터 생명의 근원이신 하나님께 나아가는 길을 보여주시기 때문이다.

(3) 예수님을 아들이라고 부르는 이유는 무엇인가? (요 1:14, 18)

예수님은 하나님 아버지의 실제적인 형상이기 때문이다.

2) 요한복음에서 예수님이 자신을 나타낼 때 구약에서 하나님이 자신을 가리켜 사용하신 "나는...이다"(I am~)라는 표현을 똑같이 사용하심으로 그의 신성을 암시하고 있다. 이를 은유적으로 표현한 것은 7번 나타난다. 아래 구절에 나타난 그 칭호와 의미를 간단하게 설명하라.

(1) 6:35, 48 생명의 떡 - 예수님은 우리에게 영원한 생명을 주시는 영적인 양식이다.

(2) 8:12; 9:5 세상의 빛 - 예수님은 하나님을 보게 하고 알게 하는 빛이다. 또한 죄악의 어두움 속에서 헤매는 사람들을 생명으로 인도하는 영원한 빛이다.

(3) 10:7, 9 양의 문 - 문을 통해서만 집 안으로 들어갈 수 있는 것처럼 예수님을 통해서만 구원받을 수 있다.

(4) 10:11, 14 선한 목자 – 목자가 양들에게 필요한 것을 채워주고 안전을 지켜주므로 양들은 목자가 없이는 살 수 없다. 이처럼 인간도 예수님이 없이는 영원한 생명과 풍성한 삶을 살 수 없다.

(5) 11:25 부활, 생명 – 오직 예수 그리스도만을 통해서 우리는 거듭날 수 있고 하나님과 함께 영원히 살 수 있다.

(6) 14:6 길 – 예수님만이 하나님 아버지께 나아갈 수 있는 유일한 길이다. 진리 – 진리의 반대는 거짓이다. 많은 철학과 사상과 종교를 통해서는 하나님을 알 수 없고 오직 예수님만이 하나님을 바로 알게 해주는 면에서 예수님은 진리(진짜)이다. 생명 – 예수님은 우리를 생명의 근원이신 하나님과 연결되게 하여 우리에게 영원한 생명을 주시는 분이다.

(7) 15:1, 5 참 포도나무 – 가지가 나무에 붙어있을 때 나무로부터 생명의 진액을 공급받아 열매를 맺을 수 있듯이 믿는 자가 예수님을 전적으로 의지하고 신뢰할 때 생명을 유지하며 풍성한 삶을 살 수 있다.

위에서 본 예수님의 칭호들 외에도 예수님의 신성(神性)을 드러내는 또 다른 표현들이 있다.

1. '내가 곧 그(메시아)이다' (요 4:26; 6:20; 8:24, 28, 58; 9:9, 37; 13:19; 18:5–6, 8)
2. '아브라함이 나기 전부터 내가 있느니라' (요 8:58)
3. '나와 아버지는 하나이다' (요 10:30)
4. '무릇 살아서 나를 믿는 자는 영원히 죽지 아니하리니' (요 11:26상)
5. '나로 말미암지 않고는 아무도 아버지께로 올 자가 없느니라' (요 14:6)
6. '나를 본 자는 아버지를 보았다' (요 14:9하)
7. '창세 전에 내가 아버지와 함께 가졌던 영화로써…나를 영화롭게 하옵소서' (요 17:5)

2 그리스도의 기적

1) 요한이 다양한 기적과 증거들을 기록한 이유는 무엇인가? (요 20:30-31)

예수님이 그리스도이며 하나님의 아들인 것을 우리가 믿음으로 영원한 생명을 얻게 하기 위함이다.

2) 요한복음에는 예수님이 행하신 7가지 기적이 나온다. 이러한 기적 역시 예수님이 하나님이심을 나타내는 표시(sign)였다. 7가지 기적을 적어보라.

(1) 요 2:1-11 물을 포도주로 만드심

(2) 요 4:46-54 왕의 신하의 병든 아들을 고쳐주심

(3) 요 5:1-9 베데스다 연못의 38년 된 병자를 고쳐주심

(4) 요 6:1-15 오병이어로 약 오천 명의 사람들에게 배불리 먹을 것을 주심

(5) 요 6:16-21 물 위를 걸으심

(6) 요 9:1-7, 25 태어날 때부터 맹인된 사람을 보게 하심

(7) 요 11:38-44 죽은 나사로를 살리심

[예수님이 베푸신 기적들의 의미]

예수님은 사람들의 필요에 의해서 기적을 베푸셨다. 그러나 이 기적은 사람들의 필요를 채우는 목적을 가질 뿐만 아니라 예수님이 하나님이심을 보여주는 표시(sign)였다.

1. 물로 포도주를 만든 사건 (요 2:1-11)

예수님은 하인들에게 항아리에 물을 가득 채우라고 명하셨다. 그러자 하인들이 그의 말씀에 순종하였다. 구원은 항상 하나님 말씀을 통해 일어난다. 예수님이

물로 변화시킨 포도주는 신랑이 베푼 좋은 포도주보다 더 좋은 것이었다. 예수님이 주신 것은 인간이 만든 최상의 것을 초월한다(요 2:10). 사물의 질을 변화시킨 이 기적은 예수님의 창조의 능력과 그분의 영광을 드러낸다. 또한 구약에서 포도주는 메시아의 도래를 나타내는 상징으로 많이 쓰였다. 그러므로 이 기적을 통해서 그가 메시아이심을 간접적으로 선포한다. 그분은 변화시키시는 능력이 있으시며 인간에게 기쁨을 주신다.

2. 왕의 신하의 아들을 고치심 (요 4:46-54)

왕의 신하는 예수님에 관해 들었다. 그러나 듣는 것만으로는 구원받지 못한다. 왕의 신하는 예수님께 간청했다. 그것으로도 역시 부족했다. 그는 그의 아들의 병이 나았다는 예수님의 말씀을 믿었다. 이 사건은 하나님의 말씀을 믿음으로 구원을 얻는다는 사실을 그림처럼 설명해준다. 또한 이 기적은 죽음에서 살리실 수 있는 예수님의 능력을 보여주고 그분이 참 메시아이심을 나타낸다.

3. 연못가의 병자를 고치심 (요 5:1-9)

38년 된 병자는 어떤 것도 스스로 할 수 없었다. 이는 인간이 스스로를 구원하거나 구원을 얻기 위해 할 수 있는 것은 아무것도 없다는 진리를 보여준다. 주님이 이 병자를 택하여 고치신 것을 통해 구원은 은혜로 받는 것임을 말해준다. "네 자리를 들고 걸어가라"는 말씀에 병자는 믿음으로 순종했다. 믿음으로 순종했을 때만이 말씀의 능력이 발휘된다. 메시아 시대가 도래하면 '저는 자가 사슴같이 뛸 것이라'(사 35:6)고 말한 구약성경에 비추어 보면 이 사건도 메시아가 오셨음을 알리는 기적이다.

4. 5,000명을 먹이심 (요 6:1-15)

예수님은 한 소년이 가진 떡 다섯개와 물고기 두마리를 받으시고 군중들이 당면했던 필요를 넘치게 채워주셨다. 적은 양으로 수많은 사람들을 배불리 먹이신 것은 창조주 하나님이심을 드려낸다. 또한 사람이 세상이 말하는 축복, 즉 높은 지위, 명예, 부를 소유했다 할지라도 그 안에 예수님이 없으면 어느 것도 그의 진정한 갈망을 채워줄 수 없다. 예수님만이 생명의 양식으로 우리에게 영원한 만족을 주신다.

5. 물 위를 걸으심 (요 6:16-21)

캄캄한 밤에 폭풍이 일고 파도가 거친 호수에서 건너편을 향해 노를 젓던 제자들은 큰 공포에 빠졌다. 이러한 상황에서 예수님이 물 위를 걸어오신 것은 예수님이 자연을 초월한 하나님이심을 말해준다. 이 사건은 사람들이 자신의 힘으로는 도저히 해결할 수 없는 난감한 문제에 부딪쳤을 때 그리스도가 초자연적인 능력으로 그 문제를 해결해 주시는 것을 보여 준다.

6. 맹인을 고치심(요 9:1-7, 25)

태어날 때부터 맹인이 되었던 사람을 보게 하신 것은 예수님이 모든 만물과 함께 사람을 만드신 창조주 하나님이심을 보여준다. 예수님은 사람들에게 하나님을 보여주는 세상의 빛이 되신다. 빛이신 예수 그리스도를 영접할 때 드디어 영적 진리를 깨닫게 되고 성경을 이해할 수 있게 되며 자신의 생활 가운데 주님의 인도하심을 깨닫게 된다. 구약성경에 메시아가 오시면 맹인의 눈을 밝히실 것이라는 예언이 많다(사 35:5; 42:7 등). 그러므로 이 기적은 예수님이 메시아임을 보여 주는 증거이다.

7. 나사로를 죽음에서 살리심 (요 11:38-44)

이 기적이야말로 죽은 자에게 생명을 주시는 예수님이 참 메시아이심을 증명하는 결정적인 기적이다. 이것은 또한 영적으로 죽은 자들을 구원하실 그분의 사역을 상징한다. 예수님을 믿지 않는 사람은 현세나 내세에서 희망도 없고 영적으로 죽은 상태이다. 주님이 죽은 나사로를 살리신 것은 영적으로 죽은 인간에게 생명을 주시는 것을 나타낸다.

3 그리스도의 증인

1) 당신이 세상 속에서 예수 그리스도의 제자라는 것을 사람들이 알게 하려면 어떤 마음의 태도를 가져야 하겠는가? (요 13:34-35)

요 13:34-35 34새 계명을 너희에게 주노니 서로 사랑하라 내가 너희를 사랑한 것 같이 너희도 서로 사랑하라 35너희가 서로 사랑하면 이로써 모든 사람이 너희가 내 제자인 줄 알리라

서로 사랑하는 것이다.

'사랑'이라는 말과 '명령'이라는 말은 관계가 없고 서로 반대되는 것 같아 보인다. 그러나 그리스도는 이 두 단어를 뗄 수 없는 짝으로 연결시키셨다. 그리스도의 명령에 순종하지 않는다면 그것은 사랑이 없다는 것을, 만일 그리스도의 명령에 순종하기 위해 애쓴다면 그것은 그리스도에 대한 사랑이 있음을 보여 주는 것이다.

2) 요한은 그리스도가 하나님 되심을 증언하는 일곱 사람을 소개한다. 그들은 누구이며 어떻게 증언하는가?

(1) 1:29-34 세례요한 - 그리스도가 오시기 전에 물로 세례를 주라고 명하신 하나님이 그에게 예수님이 성령으로 세례를 주는 이라고 가르쳐주심으로 세상 죄를 지고 가는 어린 양이요, 하나님의 아들이라고 증언한다.

(2) 1:45-49 나다나엘 - 자신을 만난 적이 없음에도 불구하고 자신에 대해 잘 알고 계시는 예수님의 신적 통찰력을 경험하고 예수님을 하나님의 아들과 이스라엘의 임금이라고 증언한다.

(3) 6:65-69 시몬 베드로 - 하나님이 믿음을 주심으로 예수님을 믿고 알게 되어 예수님을 하나님의 거룩하신 자로 증언한다.

(4) 11:24-27 마르다 - 자신의 죽은 동생 나사로를 예수님이 다시 살리신 것을 본 사람으로 예수님을 그리스도요 세상에 오시는 하나님의 아들로 증언한다.

(5) 20:28 도마- 처음에 부활을 믿지 못했던 그가 부활하셔서 나타나신 예수님을 보고 나의 주시며 나의 하나님으로 증언한다.

(6) 20:30-31 요한 - 예수님을 따라다니며 그의 삶과 가르침을 현장에서 목격하여 이 모든 것의 증인인 요한이 복음서를 기록했고 예수님을 하나님의 아들 그리스도로 증언한다.

(7) 10:34-36 예수님이 자신을 하나님이 보내신 하나님의 아들이라고 하신다.

요한복음은 예수님이 하나님의 아들이심을 믿게 하려고 기록했기 때문에 요한은 여러 증인의 말을 포함시켰다. 이들은 예수님을 여러 해 동안 알았던 사람들이다. 그들의 말은 그리스도가 하나님이시라는 주장에 대한 그들의 깊은 확신과 헌신을 보여 주고 있다.

3) 요한복음 15:16, 27에 의하면, 예수님께서 세상을 떠나신 후 제자들의 역할은 무엇이었는가?

요 15:16, 27 16너희가 나를 택한 것이 아니요 내가 너희를 택하여 세웠나니 이는 너희로 가서 열매를 맺게 하고 또 너희 열매가 항상 있게 하여 내 이름으로 아버지께 무엇을 구하든지 다 받게 하려 함이라 27너희도 처음부터 나와 함께 있었으므로 증언하느니라

그리스도를 증거하고 다른 사람들을 그에게 인도하는 것이다.

4 성령

1) 하나님께서는 그리스도인들이 세상에서 그리스도의 참된 증인으로 살도록 도와주실 한 분을 보내주셨다. 누구인가? (요 14:16-18)

우리 안에 살아계시는 보혜사[도와주시는 분] 성령님을 보내셨다.

2) 요한은 우리에게 성령에 대해 가르쳐 준다. 성령의 역사가 당신의 생활과 사역에 미치는 영향은 무엇인가?

(1) 3:5 거듭 나게 하심

(2) 7:38-39 영적 갈망을 만족시켜 주심

(3) 14:16-19 우리를 떠나지 않으시고 영원토록 함께 하심. 진리를 알게 하심, 위로해주심,

(4) 14:26 영적 진리를 가르쳐 주심. 예수님을 증거해주심.

(5) 16:7-14 죄를 깨닫게 해주심, 예수님을 영화롭게 하심.

3) 요한복음 14:15-31에서 우리에게 주시는 약속은 무엇인가?

우리는 세상이 갖지 못한 위로자를 갖게 될 것이다. 그는 우리를 가르쳐주시고 우리가 그리스도인의 삶을 살도록 도와주실 것이다.

적용

1. 이 과에서 당신에게 가장 의미 있는 것은 무엇인가?

2. 요한복음 15:1-8에 나오는 포도나무와 가지의 비유를 당신의 삶과 사역에 어떻게 적용할 수 있을까?

3. 요한복음 21장을 읽으라. 이 말씀이 그리스도를 섬기는 당신의 삶과 사역에 어떤 의미를 주는가?

외울 말씀 요한복음 7:37-38
명절 끝날 곧 큰 날에 예수께서 서서 외쳐 이르시되 누구든지 목마르거든 내게로 와서 마시라 나를 믿는 자는 성경에 이름과 같이 그 배에서 생수의 강이 흘러나오리라 하시니

읽을 말씀 요한복음 1장

제5과

사도행전

학 습 목 표 : 초대교회의 역동적인 설립과 그 가운데 사역했던 베드로와 바울을 통해 순종과 믿음을 배울 수 있다.

누가복음의 후속편인 사도행전은 교회의 탄생과 성장을 보여준다. 뿐만 아니라 그리스도의 주장과 약속이 유효함을 강하게 지지해 주는 신학적인 작품이다.

누가는 오순절 성령 강림의 사건을 기록함으로 교회가 자발적으로 시작되거나 성장한 것이 아니라 성령께서 그리스도인들에게 능력을 부어주셔서 교회가 시작되고 성장되었음을 강조한다.

또한 사도행전은 그리스도인들이 유대인과 이방인들에게 반대와 박해를 당한 것을 묘사한다. 그러나 이런 반대가 오히려 복음 전파에 촉진제 역할을 했음도 말해준다.

사도행전은 그리스도와 교회를 연결시키는 고리이며, 서신서를 쓰게 했던 당시의 기독교 세계를 보여준다.

1 성령의 강림하심

사도행전은 "내가 먼저 쓴 글에는 무릇 예수께서 행하시며 가르치시기를 시작하심부터 ~ 승천하신 날까지의 일을 기록하였노라"(행1:1)고 시작하면서 복음서에 이어 그 이후의 일을 다룬다. 즉, 부활하고 승천하신 그리스도가 오순절에 제자들에게 부어주신 성령을 통해 계속해서 역사하시는 것을 말하고 있다. 사도행전 1:8은 사도행전의 중심 구절이다.

1) 사도행전은 1:8의 말씀대로 성령의 인도하심을 따라 복음 전파의 장소가 확장됨을 보여준다. 아래의 장들에서는 어떤 지역에서의 전도를 다루고 있는가?

행 1:8 오직 성령이 너희에게 임하시면 너희가 권능을 받고 예루살렘과 온 유대와 사마리아와 땅 끝까지 이르러 내 증인이 되리라 하시니라

(1) 2-7장 예루살렘

(2) 8:1-25 사마리아

(3) 8:26-40 가사, 아소도, 가이사랴 등 유대지역

(4) 10-28장 땅 끝

사도행전은 초대교회가 당시 로마제국에 복음을 전파하는 상황을 기록한 것이다. 사도행전 1:8은 이 책에서 실제로 일어나는 복음 전파를 예언적으로 요약한다. 복음은 먼저 예루살렘에서 유대인에게 전해졌고(행 2:6), 그 후에 유대와 사마리아 전역에 전파되었다(행 8:1-4). 사마리아인들은 유대인과 이방인 사이의 혼혈족으로 이들이 복음을 받아들였다는 점은 이방인 전도에 한 걸음을 내디딘 것

이다(행 8:14). 하나님께서는 베드로에게 환상을 보여 주시고 환경을 조성하셔서 복음이 이방인들에게 전파되도록 하셨다(사도행전 10장, 특히 45절). 이 책의 흐름에 따라 복음을 받아들인 이방인들의 숫자가 점점 늘어감과 동시에 유대인들의 거부는 더욱 강하게 나타난다(행 13:46; 18:6; 28:25-29).

2 베드로

1) 사도행전 2:14-36; 3:11-26; 10:34-43의 내용은 베드로가 예수님을 증언했던 중요한 메시지들이다. 이 말씀에서 베드로가 예수님의 생애 가운데 가장 중요하게 강조했던 것은 무엇인가?

예수님이 우리의 죄를 대신하여 죽으시고 부활하셨다.

2) 사도행전 10장을 읽으라. 베드로가 경험한 것이 어떤 의미와 중요성을 갖는가?

하나님이 이방인들도 사랑하심으로 구원과 죄 용서의 메시지가 이방인들에게도 똑같이 주어짐을 그 당시 교회 성도들이 알게 되었고 이로 인해 이방인 전도의 문을 여는 계기가 되었다.

사도행전의 전반부는 베드로의 사역이 중심을 이룬다. 예루살렘이 그의 활동의 중심지였으며 우선적으로 유대인에게 복음을 전했다. 고넬료를 만나면서 베드로가 이방인 전도의 문을 열게 되었다.

3 바울

1) 회심하기 전에 바울은 어떤 사람이었는가? (8:1-3; 9:1-2; 22:1-5; 26:4-12)

율법의 엄한 교육을 받은 바리새파로 하나님에 대한 열심이 있었다. 그리스도인들에 대해 반감을 가지고 박해하고 죽이려 했다.

2) 다메섹 도상에 나타나신 예수님은 바울이 할 일에 대해 어떻게 말씀하셨는가? (9:15)

예수님의 이름을 이방인과 임금들과 이스라엘 자손들에게 전하기 위하여 택한 그릇이라고 말씀하셨다.

바울(사울)은 사도행전 7:58에서부터 등장하기 시작한다. 바울의 효과적인 사역의 비결은 즉시 순종함(행 9:6; 26:19)과 성령의 충만함(행 13:4)이다.

3) 바울은 구브로(13:4-12), 비시디아 안디옥(13:13-52), 이고니온(14:1-7)에서 어떤 사람들에게 먼저 복음을 전했는가?

회당에 있는 유대인들에게 먼저 복음을 전했다.

이 첫 번째 그룹이 복음을 거부한 후 바울은 누구에게 전도했는가?

이방인들에게 전도했다.

4) 바울은 유대인들에게 전도할 때는 구약성경을 인용하여 유대인들과 접촉점을 만들었다. 루스드라의 이방인들에게 복음을 전할 때는 어떤 접촉점을 사용했는가? (14:8-18)

바울과 바나바를 신으로 여겨 희생 제사를 드리려는 것을 보고 신에게 희생 제사 드리는 것을 접촉점으로 사용했다.

새 신자들의 믿음을 세우기 위해 바울은 무엇을 했는가? (14:21-23)

찾아가서 다시 만나고 그들을 격려하여 강하게 하고 지도자(장로)들을 선출하여 하나님께 헌신하게 했다.

5) 로마서 15:20은 바울의 전도 전략에 관해 한 가지 더 말하고 있다. 그것은 무엇인가?

> 롬 15:20 또 내가 그리스도의 이름을 부르는 곳에는 복음을 전하지 않기를 힘썼노니 이는 남의 터 위에 건축하지 아니하려 함이라

바울은 이전에 복음을 듣지 못한 지역으로 갔다.

바울의 전도 전략

1. 바울은 안디옥, 아덴, 고린도, 에베소, 로마와 같은 문화, 상업 그리고 영향력에 있어서 중심이 되는 도시에 집중하여 전도했다.
2. 바울은 한 도시에 들어가면 가능한 한 먼저 유대인들에게 복음을 전했다. 그는 구약성경에 근거하여 예수님이 유대인들이 대망하던 바로 그 메시아라는 사실을 전했다. 그 후에 이방인들에게 복음을 선포했다.
3. 바울은 이방인들에게 전도할 때, 세계를 창조하시고 다스리시는 하나님에 대해 그들이 나면서부터 알고 있는 직관적인 지식에 호소했다. 그리고 그들에게 알려져 있던 신과 그리스도를 연관시켜 설명했다(행 17:22-34).
4. 바울은 믿는 사람들을 육성하고 그들을 위한 지역 교회를 세웠다(행 14:21-23; 16:5).
5. 바울은 믿는 사람들을 훈련하여 그리스도를 증거하게 했다(행 19:8-10; 살전 1:6-8).

바울의 전도 전략은 오늘날에도 적용할 수 있다.

우리는 직접 나가서 전도하지 않고 사람들이 교회에 오기를 기다리고 있지는 않는가? 초대 교회에서 잃어버린 영혼들에게 복음을 선포한 사람들은 누구였는가? 모든 성도들이었다(행 8:1, 4). 잃어버린 영혼들에게 전도하는 것이 목회자만의 책임은 아니다. 모든 성도들이 전도를 잘 할 수 있도록 훈련을 받아야 한다(엡 4:11-13).

[보충 자료]

바울의 사역

1. 바울의 동기 - 빌립보서 3:7-14
2. 바울의 의무 - 로마서 1:14-17
3. 바울의 메시지 - 고린도전서 1:18-25

4. 바울의 태도 - 데살로니가전서 2:3-12; 사도행전 20:24
5. 바울의 열매 - 데살로니가전서 1:5-10
6. 바울의 자원함 - 사도행전 22:10
7. 바울의 상급 - 디모데후서 4:7-8

4 성령의 능력 주심

1) 성령께서 어떤 방법으로 초대 교회를 강하게 하셨는지 아래에 나오는 사도행전의 말씀을 읽고 찾아보라.

(1) 1:8 전도할 때 능력을 주심.

(2) 4:31 전도할 때 담대함을 주심.

(3) 2:4-8; 10:46; 19:6 다른 언어로 말할 수 있는 능력을 주심.

> 행 10:45-46 45베드로와 함께 온 할례 받은 신자들이 이방인들에게도 성령 부어 주심으로 말미암아 놀라니 46이는 방언을 말하며 하나님 높임을 들음이러라
>
> 행 19:6 바울이 그들에게 안수하매 성령이 그들에게 임하시므로 방언도 하고 예언도 하니

(4) 7:54-60 위험과 죽음을 직면했을 때 평안과 확신을 주심.

(5) 10:19-20; 13:2-4 인도해주심.

> 행 13:2-4 2주를 섬겨 금식할 때에 성령이 이르시되 내가 불러 시키는 일을 위하여 바나바와 사울을 따로 세우라 하시니 3이에 금식하며 기도하고 두 사람에게 안수하여 보내니라 4두 사람이 성령의 보내심을 받아 실루기아에 내려가 거기서 배 타고 구브로에 가서

(6) 11:28; 21:10-13 예언의 능력을 주심.

행 21:10-13 10여러 날 머물러 있더니 아가보라 하는 한 선지자가 유대로부터 내려와 11우리에게
와서 바울의 띠를 가져다가 자기 수족을 잡아매고 말하기를 성령이 말씀하시되 예루살렘에서
유대인들이 이같이 이 띠 임자를 결박하여 이방인의 손에 넘겨 주리라 하거늘 12우리가 그 말을
듣고 그 곳 사람들과 더불어 바울에게 예루살렘으로 올라가지 말라 권하니 13바울이 대답하되
여러분이 어찌하여 울어 내 마음을 상하게 하느냐 나는 주 예수의 이름을 위하여 결박 당할 뿐
아니라 예루살렘에서 죽을 것도 각오하였노라 하니

[보충 자료]

성령의 사역

1. 회심 전 : 책망하여 죄를 깨닫게 함(요 16:7-11).
2. 회심할 때
   (1) 하나님의 자녀로 인치심 : 에베소서 1:13
   (2) 세례를 주심 : 고린도전서 12:13
   (3) 거듭나게 하심 : 디도서 3:5
   (4) 그리스도인 안에 거하심 : 고린도전서 3:16-17
3. 회심 후
   (1) 성령 충만하게 하심 : 에베소서 5:18
   (2) 모든 진리 가운데로 인도하심 : 요한복음 16:13
   (3) 그리스도를 영화롭게 하심 : 요한복음 16:14

2) 바울이 아래의 장소에서 사역할 때 성령께서 그를 통해 어떻게 역사하셨는가?

(1) 구브로(13:4-12) 성령께서 복음 전도를 방해하는 마술사의 동기를 바울에게 정확히 알게 하시고 담대하게 책망하며 마술사가 얼마 동안 보지 못하게 하는 능력을 베푸셔서 복음을 전하게 하셨다.

(2) 이고니온(14:1-3) 성령께서 바울과 바나바에게 표적과 기이한 일을 행하게 하시고 은혜의 말씀을 증거하셨다.

오늘날 교회가 생동하는 능력이 부족한 이유는 무엇인가?
초대교회는 성령의 충만함을 받고 사역을 감당했다(행 2:4; 4:8, 31; 6:3, 5, 8; 7:55; 9:17; 11:24; 13:9, 52). 오늘날 교회는 성령 충만함에 대한 메시지가 절실히 필요하다. 우리 스스로의 힘으로는 하나님의 일을 할 수 없다. 오직 성령님의 능력으로만 하나님의 일을 감당할 수 있다. 우리는 '성령 충만'의 의미를 사람들에게 말해주어야 한다(요 14:16-17; 16:7-15).

또한 초대교회는 그리스도의 지상명령(至上命令)에 따라 성령의 능력을 받은 후 그리스도의 복음을 모든 사람들에게 전했다. 그 당시 알려진 세계에 그리스도의 복음이 편만히 전파되었다. 지상 명령은 변하지 않았다. 오늘날 교회가 성령으로 충만하다면 우리는 생명의 메시지를 우리 세대의 모든 사람들에게 전해줄 수 있다.

적용

1. 이 과에서 당신에게 가장 의미 있는 것은 무엇인가?

2. 우리는 현재 어떻게 지상명령을 성취하고 있는지 이야기해 보라.

3. 오늘날에는 성령께서 어떻게 역사하고 계신가? 현재 성령께서 당신에게 능력을 주시는 일이나 방법들은 무엇인가?

외울 말씀 사도행전 1:8
오직 성령이 너희에게 임하시면 너희가 권능을 받고 예루살렘과 온 유대와 사마리아와 땅 끝까지 이르러 내 증인이 되리라 하시니라

읽을 말씀 사도행전 2장

제6과
로마서, 고린도전후서 갈라디아서

학습 목표 : 복음의 본질을 이해할 수 있다.

신약성경 27권 중 21권은 서신서인데, 그 중 13권을 바울이 썼음이 확실하다. 하나님께서 신약성경의 많은 부분을 기록하게 하셨던 바울은 로마 시민이었고 다소라는 지역의 유대인이었으며 히브리인 중의 히브리인이었다. 그는 당시 훌륭한 스승인 가말리엘 밑에서 교육받았지만 예수 그리스도의 선교사가 되었다. 바울은 회심의 순간부터 자신의 삶을 “내게 사는 것이 그리스도니 죽는 것도 유익함이니라.”고 고백하고 있다(빌 1:21).

1 로마서

로마서는 바울이 에베소에서 그의 사역을 마친 후 고린도에 가서 로마에 있는 성도들에게 쓴 편지이다. 당시 로마는 세계 문명의 중심지였고, 거대한 제국의 수도였다. 이미 그 도시에는 많은 기독교인들이 살고 있었다.

바울은 하나님께서 크신 사랑으로 죄인들에게 값없이 주신 구원에 관한 복음을 로마 성도들에게 말하고 있다. 바울의 핵심 주장은 사람이 하나님 앞에서 의롭게 되는 것은 모세의 율법이 아니라 하나님의 은혜로 된다는 것이다.

1) 로마서 1:1-3, 16-17절을 읽으라.

(1) 로마서의 주제는 무엇인가?

출 29:36-37 36매일 수송아지 하나로 속죄하기 위하여 속죄제를 드리며 또 제단을 위하여 속죄하여 깨끗하게 하고 그것에 기름을 부어 거룩하게 하라 37너는 이레 동안 제단을 위하여 속죄하여 거룩하게 하라 그리하면 지극히 거룩한 제단이 되리니 제단에 접촉하는 모든 것이 거룩하리라

그리스도의 복음이다(복음은 '기쁜 소식'을 의미한다).

(2) 그리스도의 복음은 무엇인가?

우리의 죄를 위해 예수님이 십자가에 못박혀 죽으시고 장사되셨으며 우리의 의롭다 함을 위해 부활하셨다. 이 사실을 믿는 모든 자에게 구원을 주신다는 것이다.

(3) 복음은 하나님에 대하여 무엇을 보여 주는가?

인간을 향한 하나님의 은혜와 사랑

로마서의 개요가 그리스도의 복음의 내용 전체를 잘 설명해준다.

* 죄 용서를 베푸심: 1장-5장
* 승리의 삶을 살기 위한 능력: 6-8장
* 하나님께서 오랜 세대에 걸쳐 준비하심: 9장-11장
* 신앙생활을 위한 지침: 12장-16장

많은 사람들은 복음을 단지 그리스도인이 지옥에서 구원받아 천국 간다는 사실로만 이해한다. 그러나 복음은 그 이상의 많은 것들을 포함한다. 물론 복음은 우리가 천국에 갈 것을 보장한다. 뿐만 아니라 복음은 그리스도 안에서의 우리의 위치(6장)와 우리 마음속에 성령께서 내주하심(8장), 주님이 원하시는 삶을 이 땅에서 살 수 있음을 보장해 준다. 더 나아가서 복음은 이스라엘 나라의 미래 구원에 대해서 말하고 있다(9장-11장). 그리고 마지막으로 우리의 신앙생활에 관하여 실제적인 교훈을 준다(12장-16장).

복음을 깊이 묵상하면서 바울은 다음과 같은 찬양을 드렸다. "깊도다 하나님의 지혜와 지식의 풍성함이여, 그의 판단은 헤아리지 못할 것이며 그의 길은 찾지 못할 것이로다."(롬 11:33)

예수 그리스도의 복음은 인간의 모든 문제에 대한 하나님의 해결책이다. 거기에는 만족시킬 수 없는 궁핍이 없으며, 대답할 수 없는 질문이 하나도 없으며, 해결되지 못할 문제가 하나도 없다.

바울은 복음을 부끄러워하지 않았고, 자신을 모든 사람에게 복음을 전해야 할 빚진 자로 여겼다(롬 1:1-16).

2) 로마서 3:9-18을 읽으라. 사람은 죄를 지었고 하나님으로부터 떠나 있다.

(1) 아래 구절을 읽고 죄인에 대해서 말하는 다섯 가지 내용을 적어보라.

9절 모든 사람이 죄 가운데 있다.

10절 어느 누구도 의롭지 않다.

11절 하나님을 깨닫지도 못하고 찾지도 않는다.

17절 평강의 길을 알지 못한다.

18절 하나님을 두려워하지 않는다.

죄(罪)란 무엇인가?

거룩하신 하나님 앞에 인간은 죄인이다. 죄는 사탄으로부터 기원하여(사 14:12-14) 아담을 통해 이 세상에 들어왔다(롬 5:12). 나아가 죄는 역사를 거쳐 인류 안에 보편적으로 퍼져있고(롬 3:23) 영적, 육적으로 죽음의 형벌을 가져왔다(창 2:17; 3:19; 롬 6:23). 그리스도의 대속의 죽음(히 9:26; 행 4:12)을 받아들이는 믿음(행 13:38-39) 외에는 전혀 죄에 대한 해결책이 없다.

죄는 다음과 같이 요약할 수 있다. 분명하게 드러난 하나님의 뜻에 저항하거나 불순종하는 것, 의롭지 못함, 하나님을 향해 반항하거나 무관심한 상태를 말한다.

(2) 율법은 우리에게 무엇을 가르쳐주는가? (롬 3:19-20)

율법은 하나님이 사람에게 원하시는 기준을 제시한 것인데, 이 율법을 다 지켜 행할 수 있는 사람은 없다. 그러므로 율법은 사람이 죄인인 것을 말해준다.

3) 당신은 어떻게 의롭다 칭함을 받을 수 있는가? (3:21-28)

예수 그리스도가 우리를 위해 죽으심으로 우리의 모든 죄를 해결해주셨기 때문에 예수 그리스도를 믿을 때 하나님의 은혜로 의롭다함을 얻을 수 있다.

하나님은 죄에 빠진 우리를 구속하여 하나님과 올바른 관계를 갖도록 하셨다 (롬 3:24; 5:6-8; 갈 3:13).

'구속'이란 말은 '값을 치르고 구해준다'는 의미이다. 그 배경은 노예시장에서 값을 치르고 노예를 사서 자유롭게 해주는 것에서 유래되었다. 곧 죄의 노예 상태에 있는 우리를 그리스도께서 값을 치르고 사셔서 죄와 죽음으로부터 자유롭게 해주셨다.

하나님은 우리를 의롭게 하셨다(롬 3:26; 4:25-5:2; 갈 2:16).

의롭게 된다는 것은 하나님께서 예수 그리스도를 믿는 모든 사람에게 의롭다고 선언하신 것이다. 이 말은 하나님이 우리의 죄를 예수님에게 다 전가시키시고 그의 의로우심을 우리에게 돌리신 것을 뜻한다. 이것이 곧 복음이다. 하나님은 우리를 구속하시고 우리를 의롭다고 하셨다. 이는 하나님이 오직 은혜로 우리에게 베푸신 것이다. 이것이야말로 확실히 기쁜 소식이다.

4) 믿음으로 의롭게 된 이후 우리는 소망의 삶을 산다. 이 소망 가운데 당신은 영적인 삶의 자원을 어디에서 얻는가? (5:2-5)

롬 5:2-5 2또한 그로 말미암아 우리가 믿음으로 서 있는 이 은혜에 들어감을 얻었으며 하나님의
영광을 바라고 즐거워하느니라 3다만 이뿐 아니라 우리가 환난 중에도 즐거워하나니 이는
환난은 인내를, 4인내는 연단을, 연단은 소망을 이루는 줄 앎이로다 5소망이 우리를 부끄럽게
하지 아니함은 우리에게 주신 성령으로 말미암아 하나님의 사랑이 우리 마음에 부은 바 됨이니

성령을 통하여 우리에게 사랑을 부어주시는 하나님으로부터 얻는다.

하나님께서는 우리가 주를 위해 살 수 있도록 능력을 주셨다(롬 8:11, 15; 6:11-13; 갈 5:16, 22-23).

5) 믿음으로 의롭게 된 우리는 어떻게 하나님께 진정한 영적 예배를 드릴 수 있는가? (롬 12:1-2)

구약에서 하나님께 예배드릴 때 동물제사를 드렸듯이 우리 몸을 하나님이 기뻐하시는 거룩한 산 제물로 드리는 것이다. 그렇다고 해서 동물처럼 우리를 불에 태우라는 것이 아니다. 우리 몸을 산 제물로 드린다는 것은 세상을 본받지 않고 하나님의 뜻대로 행하는 것이다(롬 12:2). 우리가 우리의 뜻을 포기하고 하나님의 뜻대로 행하는 것이 우리 몸을 산 제물로 드리는 것이다.

6) 영적 예배가 당신의 일상생활에서 어떤 모습으로 나타나는지 다섯 가지 정도만 적어보라(12:6-13:10).

(1) 재능과 은사로 열심히 하나님을 섬긴다.

(2) 거짓 없이 사람들을 사랑한다.

(3) 악을 미워하고 선한 일을 도모하여 선으로 악을 이긴다.

(4) 권위에 순종한다.

(5) 세금을 정확하게 낸다, 빚을 갚는다.

위의 다섯 가지 중에서 당신이 우선 적용해야 될 영역은 어느 것인가?

2 고린도전서

고린도교회는 교회 내에서 일어난 몇 가지 심각한 문제들을 바울과 의논하기 위해 교회 지도자들을 에베소로 파견했다. 이를 듣고 바울이 그 문제들에 대해 편지를 썼다. 이 서신은 바울이 고린도를 떠난 지 3년 후에 쓴 것이다.

고린도전서의 주제는 그리스도인의 실제 생활에 관한 것이다.

* 그리스도인들 사이의 분열 : 1:10-17
* 신자들 사이의 소송 문제 : 6:1-7
* 도덕성 : 6:18-20
* 결혼 : 7:1-40
* 문제시 되는 의식(儀式) : 8:1-13

고린도의 성도들은 육에 속한 그리스도인, 곧 그리스도 안에서 어린 아이 상태를 벗어나지 못했기 때문에(고전 3:1-4) 생활면을 강조해야 했다.

고린도전서의 개요

- * 1:1-9 인사와 감사
- * 1:10-4:21 분쟁의 문제
- * 5-7장 성적 부도덕의 문제
- * 8-10장 우상에게 바친 음식의 문제
- * 11-14장 공중 예배의 문제
- * 15장 부활의 교리
- * 16장 바울이 당면한 상황

1) 고린도전서 1:17-31을 읽으라. 사람들은 세상의 지혜로는 하나님을 결코 알 수 없다. 하나님은 어떤 방법으로 사람이 복음을 듣고 믿도록 정하셨는가? (18-21절)

어리석게 보이는 복음 선포의 방법을 통해 믿는 사람을 구원하기로 정하셨다. 자신이 지혜롭다고 생각하는 자들은 예수님을 받아들일 수 없다.

왜 그렇게 하셨는가? (22-31절)

자기가 강하다고 생각하거나 지혜롭다고 생각하는 사람은 예수 그리스도를 받아들이지 않는다. 따라서 하나님은 약하고 어리석어 보이는 자들을 택하시고 구원하심으로 스스로 강하고 지혜롭다고 생각하는 자들을 부끄럽게 하셔서 예수님 앞에 나오게 하기 위함이다.

예수 그리스도만이 인간이 구원받을 수 있는 유일한 길이므로 예수님이 진정한 하나님의 능력이요 하나님의 지혜인데, 자기가 강하다고 생각하거나 지혜롭다고 생각하는 사람은 예수 그리스도를 받아들이지 않는다. 따라서 하나님은 약하고 어리석어 보이는 자들을 택하셔서 구원하심으로 스스로 강하고 지혜롭다고 생각하는 자들을 부끄럽게 하시고 어느 누구도 하나님 앞에서 스스로를 자랑하지 못하게 하시며 결국 강하고 지혜롭다고 생각하는 자들도 하나님 앞에 부끄러움을 느끼고 예수님 앞에 나오게 하기 위함이다. 사실, 교회 내의 성도들 간의 분열도 자신이 강하고 지혜롭다고 생각하기 때문에 일어난다. 분열은 결국 자기를 자랑하는 자들 간에 일어나는 것이다. 그러므로 자랑하는 자는 주 안에서 자랑하라고 하신다.

2) 고린도전서 9:22-24을 읽으라.

(1) 바울은 더 많은 사람에게 복음을 전하려고 어떻게 했는가? (19-22절)

바울은 모든 사람에게 자유로우나 자신의 자유를 포기하고 사람들의 종이 되었다. 즉 자기의 모든 권리, 입장, 습성 등을 다 포기하고 그들과 같은 입장과 위치에 서려고 노력했다. 그들에게 복음을 전하기 위해서 할 수 있는 모든 것을 했다는 의미이다.

(2) 바울은 이런 자신의 삶의 자세를 무엇에 비유했으며 왜 그렇게 비유했는가?

달리기 선수가 목표를 향하여 열심히 달리는 것에 비유했다. 달리기 선수는 이기기 위하여 달리는데 방해가 되는 것은 다 제거하고 절제한다. 바울도 가능한 한 많은 사람들이 구원받게 하기 위해 달리기 선수처럼 절제하며 최선을 다해 열심히 복음을 전했다.

(3) 바울은 우리에게 '너희도 ~ 이와 같이 달음질하라'(24절)고 호소한다 다른 사람에게 그리스도를 전하기 위해 당신은 무엇을 포기했는가?

3) 고린도전서 13장을 읽으라. "사랑"이라는 말 대신에 당신의 이름을 넣어 4-8절을 읽어 보라. 어느 구절이 당신에게 어울리지 않는가? 하나님께서 그것에 대해서 당신이 무엇을 하기 원하신다고 생각하는가?

3 고린도후서

바울이 고린도전서를 쓰고 고린도교회를 방문했음에도 여전히 어려움이 해결되지 않았다. 특히 사도 바울의 가르침과 권위에 도전하는 '거짓 사도'들을 좇는 이들이 있었다. 이를 위해 사도 바울은 성경에는 포함되지 않은 제 3의 편지를 써서 다시 디도 편에 보냈다(2:3-4). 아마 이 편지는 그들을 심하게 책망하는 내용이었던 것 같다. 바울이 이 편지를 쓰고 마음이 편치 않아서 편지를 전달한 디도가 오기를 간절히 기다렸다(2:12-13). 마침내 고린도에서 돌아오는 디도를 바울이 마게도냐에서 만나 고린도교회 성도들이 편지의 내용을 듣고 회개하며 바울을 사모하며 열심을 낸다는 말을 듣고 위로를 얻는다(7:5-8). 바울은 이에 대한 감사와 여전히 남아 있는 중요한 문제들(거짓 교사들, 바울의 사도권에 대한 변호, 예루살렘교회를 위한 헌금 등)에 대해 교훈을 주기 위해 고린도후서를 썼다.

이 편지는 바울이 영적으로 육체적으로 매우 힘든 상태에서 다음과 같은 목적을 위해 쓰였다.

첫째, 교회의 유지

둘째, 거짓 교사(율법주의자들)에 대한 근심

셋째, 교회의 몇몇 사람들이 그를 불신하는 것에 대한 고뇌가 있었다.

고린도후서의 주제는 바울의 사도직(使道職)을 변호하는 것이다(고후 4:1-7).

고린도후서의 개요

* 1-7장 바울의 사역의 특징들
* 8-9장 예루살렘 성도들을 위한 헌금
* 10-13장 바울의 사역의 변호

1) 고린도후서 4:1-6을 읽으라. 바울이 하나님의 말씀을 다루는데 신중했다는 점을 주목하라.

(1) 바울은 그리스도의 복음을 어떻게 전했는가? (2절)

하나님의 말씀을 왜곡하지 않고 진실을 밝히 드러냈다.

(2) 하나님은 왜 우리 마음속에 빛을 비춰주실까? (6절)

우리 마음에 빛을 비추셔서 우리가 그리스도 안에서 하나님의 영광을 볼 수 있도록 하기 위해

2) 바울은 자신의 사역을 무엇에 비유했으며 무엇을 두려워했는가? (고후 11:3)

바울은 자신의 일을 성도들을 정결한 처녀로 준비시켜 신랑 되신 그리스도께 중매하는 것으로 비유하였으며, 성도들이 미혹(속이고 의심하도록 유혹하는 것)을 받아 그리스도를 향하는 진실함과 깨끗함에서 떠나 부패하게 될까 마음을 졸였다.

3) 고린도후서 12:1-10을 읽으라. 바울은 '육체의 가시'(몸의 연약함)를 제거해 달라고 기도했다.

(1) 바울의 기도에 대한 주님의 응답은 무엇이었는가? (고후 12:9)

하나님의 은혜가 너에게 충분하다.

(2) 하나님의 응답에 대한 바울의 태도는 어떠했는가? (고후 12:10)

바울은 약할 때에 그리스도의 능력이 자신에게 머물게 되어 그의 약함을 기뻐했다.

(3) 당신은 바울의 경험에서 무엇을 배울 수 있는가?

3 갈라디아서

바울이 갈라디아 지방에 복음을 전하고 떠난 후에 유대인 교사들이 갈라디아에 와서 모세의 율법을 지키지 않으면 그리스도인이 될 수 없다고 주장했다. 이에 대해 바울은 자신의 복음이 그리스도께 계시로 받은 것임을 변호하면서 오직 믿음으로 구원받는다는 은혜의 복음을 지키고자 했다.

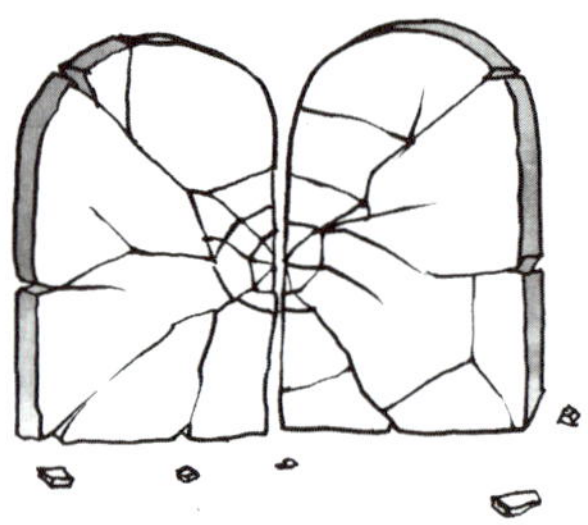

갈라디아서의 주제는 우리가 구원을 받은 것은 은혜로 된 것이며 율법은 여기에 아무 상관이 없다는 것이다. 우리가 구원을 받기 위해 해야 할 일은 아무것도 없다. 모든 것이 하나님의 은혜로 된 것이다(갈 3:1-3, 10-11; 4:9-10; 5:1-7).

은혜란 무엇인가?

은혜는 죄 많은 인간에게 하나님이 무조건적인 사랑으로 값없이 구원을 베푸신 것을 말한다. 구원은 율법을 행함으로 얻을 수 없다. 우리의 노력으로 얻을 수 있는 것이 아니다. 은혜는 하나님께서 아무런 조건 없이 구원을 선물로 주신 것이다. 우리는 믿음으로 구원의 선물을 받아들이므로 은혜를 누릴 수 있다. 은혜가 그 효력을 발휘할 수 있는 길은 믿음뿐이다(엡 2:8-17).

갈라디아 사람들은 복음 위에 모세의 율법을 더하는 실수를 범했다. 그들은 구원 받기 위해 할례와 같은 율법을 지켜야 한다고 믿었다. 오늘날 많은 그리스도인들도 오직 은혜로만 구원받는다는 사실을 알고 있지만, 그리스도인이 된 후 신앙생활을 할 때는 자신의 노력으로 선행을 쌓으려는 잘못을 저지르고 있다. 갈라디아서 3:1-5에서 바울은 이러한 잘못에 대해 말한다.

갈라디아서의 개요 : 은혜의 복음

* 1-2장 바울의 사도적 권위
* 3-4장 은혜와 율법의 대조
* 5-6장 실제 생활의 열매

1) 바울은 자신이 전한 복음 외에 다른 복음은 있을 수 없다는 것을 어디에 근거를 두고 확증하는가? (갈 1:11-12)

바울은 자신이 전한 복음이 사람에게서 듣거나 배운 것이 아니라 예수 그리스도가 직접 계시해주신 것이라고 말한다. 복음의 참된 근원은 예수 그리스도에게 있음을 강조하여 그의 복음을 확증한다.

2) 바울은 믿음으로 그리스도인이 된 자신의 삶을 어떻게 표현하는가? (갈 2:20)

바울 자신은 그리스도와 함께 십자가에 못 박혀 죽어서 더 이상 자신이 사는 것이 아니라 그리스도가 바울 안에 살아계신다.

이것이 그의 일상생활에서 어떻게 나타나는가?

일상생활의 모든 것을 예수 그리스도를 믿는 믿음으로 살아간다.

3) 갈라디아서 5:16-21을 읽으라. 이 구절에서 바울은 육체의 일들을 적어 놓았다. 그리스도인으로서 우리는 이 육체의 일을 어떻게 피할 수 있는가? (갈 5:16)

성령 안에서 살아가므로 피할 수 있다.

은혜는 자신의 힘으로 도덕적인 생활을 하려는 노력을 포기하고 그리스도께서 우리 안에 그리고 우리를 통하여 사신다는 확신의 태도를 갖게한다. 갈라디아서 2:20과 갈라디아서 5:16은 갈라디아서의 핵심 구절들이다. 이 구절들은 우리의 책임은 성령님에 의해 그리스도께서 우리를 통해 사시도록 맡기는 것임을 강조한다. 여기에 승리의 비결이 있다. 하나님을 기쁘시게 하려는 우리 자신의 방법과 노력을 포기하고, 믿음으로 하나님께서 우리를 통해 사시도록 주님께 우리를 맡겨야 한다.

복음에 대한 참고 성구들

1. 복음의 근거 : 갈라디아서 1:11-12
2. 복음의 기본 내용 : 고린도전서 15:1-8
3. 다른 복음을 전하는 사람들에 대한 바울의 태도 : 갈라디아서 1:6-9
4. 복음에 대한 여러 가지 반응 : 고린도전서 1:17-23
5. 사람들이 복음을 알지 못하는 이유 : 고린도후서 4:3-4
6. 사람들에게 복음을 전하는 바울의 태도 : 로마서 1:14-17

적용

1. 이 과에서 당신에게 가장 의미 있는 것은 무엇인가?

2. 갈라디아서 5:16-23은 육체의 욕망을 따르는 삶과 성령을 따르는 삶의 결과를 보여준다. 현재 당신이 성령의 지배에 맡겨야 하는 가장 우선되는 육체의 일은 무엇인가? 당신의 생활 가운데서 가장 강화되게 하시는 성령의 열매는 무엇인가?

3. 당신의 생활이나 사역을 위해 바울의 태도 중 가장 배우고 싶은 것은 무엇인가? 당신은 그것을 어떻게 자신의 것으로 만들겠는가?

외울 말씀 로마서 1:16
내가 복음을 부끄러워하지 아니하노니 이 복음은 모든 믿는 자에게 구원을 주시는 하나님의 능력이 됨이라 먼저는 유대인에게요 그리고 헬라인에게로다

읽을 말씀 갈라디아서

제7과
옥중서신, 데살로니가전후서
목회서신

학 습 목 표 : 이 서신들을 통해 사도 바울의 참된 영성을 배울 수 있다.

어떤 교회가 목사를 청빙하게 되었다. 한 장로가 교인들이 어떤 목사를 원하는지 알고 싶어서 아래의 글을 지원서처럼 제직위원들 앞에서 읽었다.

"제직 위원 여러분, 목사를 청빙한다는 소식을 듣고, 지원서를 보냅니다. 저는 여러분들이 인정할 만한 자격을 갖추었다고 생각합니다. 설교도 잘 할 수 있고, 저술가로도 이미 성공을 했습니다. 사람들로부터 교회 경영을 잘 한다는 말도 듣습니다. 저는 여러 지역에서 지도자의 역할을 감당했지만 저에게 적대적인 사람들도 있었습니다.

저는 한 곳에서 3년 이상을 사역한 적이 없습니다. 어떤 곳에서는 제가 복음을 전하는 것 때문에 폭동과 혼란이 일어나 그 마을을 떠난 적도 있습니다. 세 번이나 감옥에 들어간 적도 있고, 일은 잘할 수 있지만 제 건강이 그리 좋은 편이 아닙니다. 생계를 유지하기 위해 저는 부업을 해야만 했습니다. 제가 목회했던 교회들은 큰 도시에 있기는 하지만 매우 작은 교회들이었습니다.

복음에 대한 잘못된 견해를 가진 다른 지도자들을 공개적으로 비판하기도 했습니다. 어떤 사람들은 저를 협박하여 법정에 끌고 갔고, 저는 고문을 당하기도 했습니다. 여러분들이 저를 초청하신다면 최선을 다해 보겠습니다."

그 장로는 제직회에서 이 편지를 읽어 주고 의견을 물었다. 제직 위원들은 모두 그 지원자를 청빙하고 싶어 하지 않았다. 그들은 건강하지 못하고 다투기 좋아하며, 문제를 일으키고 심지어 전과자였던 이 목사에게 관심이 없었다. 제직 위원들이 그 주제 넘는 지원자의 이름을 물었을 때, 장로는 그가 사도 바울이라고 대답했다.

이 이야기는 요즘 그리스도인들이 사람을 외적인 기준으로 판단하며 참된 영성에 대해서는 별 관심이 없다는 것을 잘 보여 준다. 바울에게서 우리는 참된 영성을 발견할 수 있다. 이 과는 바울의 삶에 대한 흥미 있는 사실들을 알려 준다.

에베소서, 빌립보서, 골로새서, 빌레몬서는 사도행전 28장에서 언급된 대로 바울이 처음 감옥에 갇혔을 때 쓴 편지들이며 **옥중서신**이라고 부른다.

바울은 **에베소**에 있는 신자들의 믿음을 격려하기 위해 편지를 썼는데, 이 서신은 그리스도의 몸인 교회의 특성과 목적을 설명한다.

빌립보서에서 바울은 오직 예수 그리스도에게서만 오는 참된 기쁨을 강조한다. 그는 겸손, 자기희생, 연합과 그리스도인의 생활이라는 주제들에 대해 기록했다.

골로새서에서 바울은 그리스도를 육체로 오신 하나님, 모든 창조물의 주, 그리고 교회의 머리로 소개한다. 바울은 또한 율법주의를 선동하는 거짓된 교사들의 문제를 제기한다.

빌레몬서에서 바울은 주인의 물건을 훔쳐서 도망간 빌레몬의 종 오네시모를 용서해 주도록 권면한다. 이 편지에서 바울은 믿는 자들이 어떤 상황에 있든지 그리스도인의 사랑과 교제로 다른 사람들을 대하라고 권면하고 있다.

데살로니가서에서 바울은 데살로니가의 신자들이 그리스도의 재림을 확신하도록 돕고, 부활과 그리스도의 재림의 시기에 대한 그들의 오해들을 바로 잡아 준다. 또한 박해 중에서 담대할 것과 그리스도의 오심을 준비할 것에 초점을 맞추고 있다.

바울은 첫 선교여행 때부터 항상 동역자들과 함께 다녔다. 목회서신인 디모데전후서와 디도서는 바울이 세운 교회들이 잘 성장하도록 돕고 있는 사람들에게 쓴 편지이다.

디모데는 젊은 지도자였으며 에베소 교회의 장로였다. **디모데전서**는 교회 행정과 치리의 지침서이다.

디모데후서에서 바울은 디모데에게 반대와 핍박에 직면하여 담대하고 올바른 교리에 충실하며 인내와 충성을 다하도록 격려했다.

그리스인 회심자 디도는 그레데에 있는 교회에서 바울을 대신하여 사역했다. **디도서**는 이 교회들을 조직하고 감독하는 방법을 말하고 있다.

1 옥중서신

1) 에베소서

이 편지의 목적은 이방인들도 유대인과 동등한 위치에서 구원의 축복을 받는다는 것을 알리는 것이다(엡 2:19-22; 3:6).

(1) 이전에 이방인들이 구원을 받는 것에 대한 견해는 어떠했는가? (2:11-12)

이방인들은 구원을 받을 수 없다고 보았다. 이방인들은 그리스도와 아무 관계가 없었고 이스라엘에서 제외되었으며 세상에서 소망도 없고 하나님도 없이 살았다.

(2) 어떤 사건을 통해서 구원의 복이 모든 사람에게 가능하게 되었는가? (2:13-18)

그리스도가 그의 몸으로 미움의 담을 허셨다. 그리스도의 죽음으로 유대인과 이방인 사이의 막힌 담을 헐고 둘을 화해하게 하여 하나가 되게 했다. 또 십자가로 이 둘을 한 몸으로 하나님과 화목하게 하셨다.

(3) 에베소서 3:14-19에 나오는 바울의 기도에서 그리스도인들이 누릴 수 있는 구원의 복을 적어보라.

성령으로 속 사람이 강건해 짐, 믿음으로 그리스도가 마음에 거하심, 그리스도 사랑을 깨달아 앎(경험을 통해 얻은 실제적 지식), 하나님의 충만으로 충만하게 됨.

(4) 다른 사람들을 격려하기 위해 이 사실을 어떻게 활용할 수 있겠는가?

하나님이 이미 주신 구원을 잘 모르는 사람들이 위의 내용이 실제가 될 수 있다는 것을 알게 되면 크게 격려를 받을 것이다.

바울은 그의 서신들에서 자신의 영적 생활을 흥미 있게 보여 준다. 에베소서에 기록된 바울의 두 가지 기도는 불멸의 기념비적인 것이다.

바울은 성도들에게 영적인 복이나 물질적인 복을 달라고 기도하지 않았다. 다만 성도들이 이미 소유하고 있는 영적인 복을 깨닫게 해달라고 기도했다.

에베소서 1:18 – '너희 마음의 눈을 밝히사'

에베소서 3:18, 19 – 곧 그들이 '깨달아' 알도록 기도했다. 이 내용은 에베소서 1:3과 일치한다.

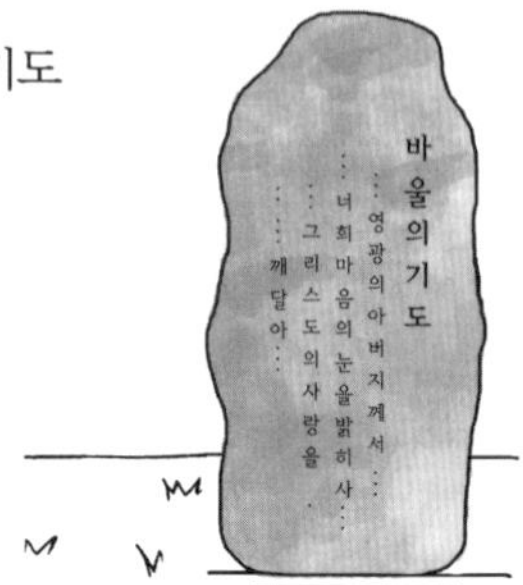

우리는 그리스도 안에서 우리에게 필요한 모든 것을 이미 가지고 있다. 우리가 할 일은 단지 그것들을 깨닫고 활용하는 일이다. 물질적인 것을 위해 기도하는 것이 잘못된 것은 아니다. 특히 그 물질적인 부(富)가 영적인 부유함에 영향을 줄 때는 더욱 그렇다. 그러나 우리의 관심은 항상 영적인 것이어야 한다.

2) 빌립보서

바울이 감옥에서 빌립보 교회에 쓴 편지인 빌립보서는 기쁨과 복음이라는 두 개의 주제를 다룬다. 그는 빌립보의 성도들이 복음 안에 있는 것을 기뻐했고, 자신이 감옥에 갇혔어도 복음이 확장되는 것을 기뻐했다. 석방되면 그들을 도울 수 있으리라는 기대로 기뻐했고, 그들의 재정 후원을 기뻐했다. 또한 빌립보의 성도들이 다른 사람을 더 낫게 여김으로 복음을 위한 일에 하나가 되고, 복음을 방해하는 사람들을 두려워하지 말고 복음에 합당한 생활을 하라고 권면했다.

(1) 빌립보서 1:12-30을 읽으라. 바울은 빌립보 교회 성도들이 복음을 담대하게 전하도록 격려하기 위해 로마에서 무슨 일을 했는가? (1:13-14)

모든 사람에게 복음을 전함.

(2) 미래에 대한 바울의 태도는 빌립보 교인들이 그리스도를 위해 두려움 없이 서도록 격려하는데 어떻게 도움이 되었는가? (1:18-26)

바울은 죽음을 두려워하지 않았다. 그는 죽고 사는 것 보다 그리스도가 존귀하게 되는 것을 중요하게 생각했다.

(3) 빌립보 성도들이 보내 준 선물에 대해 바울이 기뻐했던 주된 이유는 무엇인가? (4:10-19)

바울의 관심은 하나님을 기쁘시게 하는 것인데, 바울에게 헌금한 것이 곧 하나님께 드린 것이므로 빌립보 성도들이 하나님을 기쁘시게 했기 때문이다.

성도들이 최근에 당신에게 주었던 선물들(영적 그리고 물질적)에 대해 하나님께 감사하라.

바울은 로마에 갇혀 있는 죄수였다. 자신의 잘못 때문에 당연히 벌을 받아야 할 때라도 그것을 기쁘게 여기는 죄수는 한 사람도 없다. 그러나 바울은 부당하게 벌을 받고도 기뻐하였다. 그 이유는 무엇이었을까? 그의 관심의 초점은 그리스도이며 그리스도를 위해 당한 일이기 때문이다. 그에게 있어서의 '삶'은 곧 그리스도였기에 자신의 불행도 그를 막지 못했다.

바울을 좌절시킬 수도 있었던 다음의 일들을 생각해보라.

(1) 그는 부당하게 감옥에 갇혔다.

(2) 그는 여러 번 감옥에 갇혔다(처음에는 예루살렘에서).

(3) 그는 그리스도인이라고 주장하는 이들로부터 반대를 당했다.

(4) 그는 자기 동족으로부터 거부당했다.

(5) 그는 아마 외로웠을 것이며 대부분의 시간들을 무기력하게 보낼 수밖에 없었을 것이다.

(6) 그는 낯선 대도시에 있었다.

(7) 그는 자신의 장래가 불분명했다.

(8) 그는 다른 이들로부터 동정을 받아야 할 처지였다.

위와 같은 이유들은 연약한 그리스도인을 자기 연민에 빠지게 하여 전혀 전도할 수 없도록 만들 수도 있다. 그러나 바울은 이러한 모든 조건들을 새로운 곳에서 복음을 전할 수 있는 열린 문으로 여겼다.

3) 골로새서

바울은 골로새 교회를 방문한 적이 없었지만 그곳에서 그릇된 가르침이 확산되고 있다는 소식을 로마에서 들었다. 그는 모든 이방인들을 위한 사도였으므로 이 교회에 경고의 글을 써야 할 필요성을 느껴서 골로새서를 썼다. 사도 바울은 그것을 정정하기 전에 먼저 그리스도가 왜 최고인지 설명한다. 예수 그리스도는 창조주이신 하나님이시고 교회의 머리이시며 만물을 십자가의 피로 하나님과 화목하게 하는 분이시다. 바울은 예수 그리스도 외의 잘못된 다른 교훈을 따르지 말라고 경계하고 있다. 잘못된 교훈은 사람의 전통(절기, 초하루, 안식일을 지키는 것과 먹고 마시는 것에 관한 규범)과 세상 초등학문(금욕주의, 천사숭배)을 따르는 철학과 헛된 속임수를 말한다.

(1) 바울은 예수 그리스도 외에 하나님께 나아가는 다른 길을 찾는 것이 불필요하다고 말한다. 이렇게 말하는 이유를 세 가지 이상 들어 보라(골 1:12-22).

모든 만물이 그리스도에 의해서 창조되었다. 그는 만물보다 먼저 계셨고 만물이 그 안에 함께 섰다.

(2) 예수 그리스도 한분으로 충분하기 때문에 그리스도인은 어떻게 해야 하는가? (2:6-7)

그리스도를 주님으로 믿었으므로 계속적으로 그 안에서 살아야 한다. 즉, 다른 잘못된 교훈에 귀를 기울이지 말고 (4절 참고), 오직 믿음 안에서 세움을 받고 굳게 서야 한다. 그리스도 안에 뿌리를 확고히 박은 자는 감사함이 넘치게 된다.

(3) 예수 그리스도와 함께 살리심을 받은 자들은 어떻게 살아야 하는가? (3:1-11)

(1) 땅의 것을 좇지 않고 위의 것을 찾아야 한다. 즉, 일시적인 것이 아닌 영원한 것에 초점을 맞춘다. 언젠가는 우리도 그리스도와 함께 성화된 모습으로 (영광 중에) 나타날 것이기 때문이다.

⑵ 옛 사람의 행위를 벗어버리고 새 사람을 입어야 한다. 음란, 부정, 사욕, 악한 정욕, 탐심(=우상숭배: 땅의 있는 것에서 만족을 찾기 때문)을 버려야 한다.

⑶ 과거의 모습을 벗어버려야 한다. 분함, 노여움, 악의, 비방, 부끄러운 말, 거짓말 등.

⑷ 모든 장벽들, 즉 국적(헬라인, 유대인), 종교적(할례파, 무할례파), 문화적(야만인, 스구디아인), 경제적, 사회적(종, 자유인) 차별을 버려야 한다.

(참고, 야만인 : 헬라 문화 외에 다른 문화를 가진 자들을 무조건 야만인이라고 했다. 스구디아인은 유목민으로, 미개한 야만인의 전형으로 보았다.)

(4) 당신의 생활에서 발견되는 '새롭게 된' 증거는 무엇인가?

(5) 당신이 삶 속에 아직도 남아 있는 옛 사람의 행위에는 어떤 것들이 있는가?

4) 빌레몬서

로마 감옥에 있을 때, 바울은 도망한 노예인 오네시모를 하나님께로 인도했다. 그는 그 노예의 주인이 골로새에 살고 있는 자기 친구 빌레몬이라는 것을 알게 되었다. 그 시대에는 도주한 노예는 사형이나 가혹한 처벌을 받았다. 바울은 빌레몬에게 편지를 써서 오네시모가 한 일을 용서하고 그리스도인 형제로 받아들일 것을 권했다.

이 서신서는 그리스도가 모든 인간관계를 선한 관계로 변화시키시는 좋은 예를 보여 준다.

(1) 바울이 빌레몬에게 사랑으로 오네시모를 받아들이라고 권한 이유를 세 가지 이상 자신의 말로 써 보라.

① 오네시모가 회심함

② 바울의 위치에서 그를 받아들임

③ 빌레몬은 바울에게 빚진 것이 있음

(2) 당신으로부터 이러한 용서를 필요로 하는 사람이 누구라고 생각하는가?

2 데살로니가전후서

바울이 첫 번째 쓴 편지는 마게도냐 지역의 데살로니가에 세운 교회에게 쓴 것이다. 박해 때문에 급히 데살로니가를 떠난(행 17:10) 바울은 곧바로 고린도에서 이 편지들을 써서 보냈다(행 18:1-18).

1) 데살로니가전서

바울은 자신이 데살로니가에서 복음을 전한 이유가 다른 목적이 아니라 그들을 자신의 자녀처럼 목숨보다 더 사랑하였기 때문이라고 말하고 자신과 같이 그리스도 때문에 박해받는 신자들에게 믿음에 굳게 서 있으라고 권면한다. 그리고 그리스도를 믿다가 먼저 세상을 떠난 이들의 가족들에게 그들이 먼저 부활할 것이라 위로하고 또한 서로 위로하라고 격려한다.

(1) 데살로니가 교인들의 회심이 주변 지역의 그리스도인들에게 어떠한 영향을 끼쳤는가? (1:7-10)

그들은 믿는 자의 본이 되었다.

(2) 바울에게 복음을 들은 데살로니가 성도들의 삶이 변하도록 바울은 어떻게 모범을 보였는가? (1:5-6)

말로만이 아니라 능력과 성령과 큰 확신으로 복음을 전하여 큰 환난 가운데서도 성령의 기쁨으로 말씀을 받아들이도록 도왔다. (참고, 2:7-11 : 부모가 자녀를 사랑하는 것처럼 사랑하였다.)

'그 아버지의 그 아들'이란 말이 있다. 우리는 사람들을 그리스도께로 인도하려고 아주 열심히 전도한다. 그러나 어떤 이는 전도의 중요성을 강조하다가 그리스도인의 인격을 소홀히 여기는 경우가 있다. 항상 전도하여 많은 '열매'를 거두었으나 그리스도의 성품을 닮지도 않고, 하나님을 영화롭게 하지도 못하며, 새 신자들을 좌절시키는 생활을 하는 사람들이 있다. 그의 영적 자녀들은 대부분 영적 아버지를 닮아 불건전하고 영적인 기형아로 자랄 수 있다.

(3) 사도바울이 하나님과 사람들 앞에 진실했다는 것을 알 수 있는 두 가지 증거는 무엇인가? (2:1-10)

① 사람을 기쁘게 하려고 하지 않고 하나님만 기쁘시게 하려 했다(4-6절).

② 다른 사람들에게 폐를 끼치지 않으려고 밤낮으로 힘들게 일하면서 복음을 전했다(7-10절).

(4) 바울처럼 본을 보이는 자질을 갖춘 사람들을 생각해보라. 그 사람의 예에서 당신은 무엇을 배울 수 있는가?

그리스도인의 인격과 대치할 만한 것은 아무것도 없다. 이 점이 바울이 성공한 이유이다. 데살로니가전서 2:1-10에 나타난 그의 인격의 특성들은 다음과 같다.

(1) 담대함

(2) 성실함

(3) 하나님을 기쁘시게 함

(4) 사람을 기쁘게 하려고 하지 않음

(5) 온화함(거칠지 않고 논쟁하지 않으며 친절함)

(6) 새 신자를 향한 사랑

(7) 열심히 일함

(8) 거룩함과 의로움

(9) 결백함 등이다.

2) 데살로니가후서

바울의 첫 번째 편지를 받은 후 데살로니가 성도들에게는 그리스도께서 재림하실 때의 상황에 대한 의문이 생겨났다. 그들은 그리스도로 인해 부당한 고통과 박해를 견뎌야 했기 때문에 힘들어 했다(살후 1:3-12). 어떤 사람들은 그리스도께서 어느 때라도 곧 재림하실 것이라고 생각했기 때문에 자신의 일에 태만했다.

(1) 박해에 대한 그리스도인의 자세는 어떠해야 한다고 생각하는가? (살후 1:3-12)

하나님께 감사하고 기뻐하며, 서로를 위해 기도하고, 하나님께 영광을 돌려야 한다.

(2) 일에 대한 그리스도인의 자세는 어떠해야 하는가? (3:6-15)

게으르지 않아야 하며 남의 일에 참견하지 않고 열심히 일해야 한다.

(3) 이것을 당신의 생활에 어떻게 적용할 수 있겠는가?

3 목회서신

이 편지들은 바울이 처음 로마감옥에 갇혔던 A.D. 60~62년(행 28장)과 네로황제 때 순교했던 A.D. 66년 사이에 쓴 것이다. 바울은 에베소교회에서 사역하던 디모데를 위해 디모데전후서를 썼다. 디도서는 그레데 섬에서 일했던 바울의 동역자인 디도에게 쓴 것이다.

1) 디모데전서

디모데전서 6장을 읽으라.

(1) 인생에서 만족을 얻기 위해 필요한 것은 무엇인가? (딤전 6:6-12)

1) 자족하는 마음(하나님이 주시는 대로 먹을 것과 입을 것을 족한 줄로 여기는 것) : 이것이 수반된 경건함은 큰 이익이 된다(6~8절).

2) 의와 경건과 믿음과 사랑과 인내와 온유를 따르며 믿음의 선한 싸움을 싸우라 (11-12절).

(2) 부유함을 추구하는 자들이 직면하게 되는 큰 위험은 어떤 것인가? (9-12절)

1) 하나님이 주신 것에 대해 자족하는 마음을 잃어버리는 것이다.

2) 부유함을 추구하려다가 시험과 올무(trap)와 여러 가지 어리석고 해로운 욕심에 빠져 결국 파멸과 멸망을 자초하게 된다.

3) 돈을 중심에 두어 여러 악에 미혹을 받게 된다. 그 결과 믿음에서 멀어지고 많은 근심(고통)으로 스스로 고통을 자초하게 된다.

(3) 부유한 그리스도인들은 돈에 대해 어떠한 태도를 취해야 하는가? (17-19절)

1) 자만하지 말고 불확실한(정함 없는) 재물에 소망을 두지 말고 소망을 하나님께 두어야 한다. 우리에게 모든 것을 후히 주시고 누리게 하시는 분은 하나님이시지 돈 자체가 아님을 기억하라.

2) 선을 행하고 나눠주기를 좋아하며 너그러운 자가 되어야 한다.

3) 이것이 미래를 위해 굳건한 터를 쌓는 것이며 참된 생명을 취하는 길이다.

(4) 돈에 대한 당신의 철학은 무엇인지 이야기해 보라.

2) 디모데후서

디모데후서는 바울이 순교하기 직전에 쓴 것이다. 그는 이 서신을 디모데에게 주는 유언처럼 썼다.

(1) 바울이 디모데에게 준 마지막 명령은 무엇이었는가? (4:1-5)

말씀을 전파하라. 때를 얻든지 못 얻든지 항상 힘쓰라. 네 직무를 다하라.

(2) 바울이 죽은 후에도 디모데가 부르심에 충성스럽도록 도움을 주는 두 가지는 무엇인가? (3:10-11, 14-17)

① 고난과 박해를 견뎌낸 바울 자신의 모범

② 그가 배우고 확신한 일을 지속적으로 해 나가라는 명령의 말씀

3) 디도서

로마감옥에 처음 투옥된 후에 바울은 디도를 격려하고 반대를 받는 상황에서도 계속 능력 있게 사역하도록 하기 위해 이 편지를 썼다. 바울은 사람들이 '온전한 믿음' 과 '바른 교훈'을 고수하도록 권고하라고 디도에게 가르쳤다.

(1) 그리스도인이 자기가 살고 있는 불신의 세계에서 조심해야 할 것들은 무엇인가? (딛 3:1-2)

권세 잡은 자들에게 복종하라. 모든 선한 일을 행하기를 준비하라. 어느 누구도 비방하지 말라. 다투지 말며 관용하라. 범사에 온유함을 모든 사람에게 나타내라.

(2) 1-2절 말씀을 당신 생활 가운데 어떻게 적용할 수 있겠는가?

(3) 바울이 그리스도인에게 이렇게 살아가라고 한 이유는 무엇인가? (3:3-7)

우리도 예전에는 비난을 받아 마땅한 사람들이었지만 이제는 하나님이 구원해 주셔서 새롭게 되었기 때문이다.

'선행'에 관하여 생각해보자. 디도서 3:5, 8을 이해하는 것이 중요하다. 그리스도인은 선한 일을 하되 하나님께 인정을 받거나 구원받기 위해 선한 일을 하는 것은 아니다. 구원은 거저 받는 선물이며 오직 믿음으로만 받을 수 있다(엡 2:8-9). 이는 하나님께 구원을 '획득하기 위하여' 선행을 한다는 의식과는 반대된다. 선행은 그리스도인이 된 결과로 나타나는 것이지 조건이 아니다. 선행으로 구원을 받으려는 것은 마치 아픈 사람에게 낫기 위해서 축구를 하라고 말하는 것과 같다. 아픈 사람이 나아야 아무 문제없이 축구를 할 수 있을 것이다.

예수 그리스도는 우리의 뛰어난 모범이다(요일 2:6). 그러나 성경은 또 다른 예로 바울의 모범을 우리에게 보여준다. 바울은 예수 그리스도가 삶을 변화시킨다는 사실을 우리에게 생생하게 보여 주는 증거이다. 한때 그리스도인들을 박해했던 바울은 그리스도를 가장 담대하고 역동적으로 전하는 사람으로 변했다(딤전 1:15).

보충

그리스도의 교훈대로 살아간 바울

1. 기도에 대한 그리스도의 가르침 : 눅 11:11-13: 요 15:7; 16:23-24
2. 복음 때문에 받는 고통에 대한 그리스도의 가르침 : 마 5:11-12
3. 모범적인 생활에 대한 그리스도의 가르침 : 마 5:13-48
4. 돈에 대한 그리스도의 가르침 : 마 6:19-3
5. 선행(善行)에 대한 그리스도의 가르침 : 마 5:16

적용

1. 이 과에서 당신에게 가장 의미 있는 것은 무엇인가?

2. 이 과에서 당신이 바울의 인격으로부터 배운 것 중 두 가지만 기록해 보라.

1)

2)

3. 빌립보서 3:1; 4:4에서 바울이 우리에게 제안한 삶의 태도는 어떤 것인가?

외울 말씀 골로새서 2:6-7
그러므로 너희가 그리스도 예수를 주로 받았으니 그 안에서 행하되 그 안에 뿌리를 박으며 세움을 받아 교훈을 받은 대로 믿음에 굳게 서서 감사함을 넘치게 하라

읽을 말씀 에베소서

제8과
일반서신

학 습 목 표 : 복음에 대한 확대된 정의를 알 수 있다.

일반서신이란 말로 신약의 마지막 여덟 권의 서신들을 특징짓기에는 불완전하다. 하지만 대부분 특정한 교회에게 보내진 바울 서신들과는 달리, 이 서신들은 넓은 지역에 있는 여러 교회들에 속한 그리스도인들을 대상으로 썼기 때문에(히브리서와 요한일서, 요한이서, 요한삼서는 예외) '일반서신'이라고 부른다.

히브리서를 제외하고 나머지 서신들은 보낸 사람의 이름이 서신의 제목이 되었다.

> 히브리서, 야고보서, 베드로전후서, 요한일서, 요한이서, 요한삼서, 유다서는 바울 서신들과 다른 점이 있지만 모순되지는 않는다. 차이가 있다면 그것은 내용이 좀 더 확장되고 진전됐다는 점뿐이다. 기록된 성경은 모두 하나같이 그리스도를 통한 구원과 높은 수준의 도덕성을 제시하고 있다. 이 서신의 저자들이 복음의 기본적이고 근본적인 것을 다루었다면, 바울은 하나님의 계획과 그 안에서의 교회의 역할, 성도로의 부르심과 소망, 즉 그리스도와 하나되어 영원한 생명을 얻는 것에 대해 썼다.

바울 서신은 구원받은 진실한 성도들, 즉 이 땅의 교회의 일원이며 제사장으로 부르심을 받은 성도들에게 초점을 맞추고 있다. 그러나 일반서신의 저자들은 알곡과 가라지가 함께 섞여 있는 교회에 초점을 맞추었다(마 13:24-30).

이 서신들은 자칭 그리스도인이라고 하는 종교인들을 경고하고 있다. 이들은 율법을 강조하지만 예수 그리스도의 복음을 진실로 받아들이지 않았고 그리스도께 자신을 삶을 드리지 않았다.

1 히브리서

초대교회는 이 서신의 수신인이 본래 유대 그리스도인들이었음으로 이 책을 '히브리서'라고 불렀다. 이들은 예수님의 12제자들의 설교(히 2:3)를 통해서 회심했으며 초기에는 모범적인 그리스도인들이었다. 이들은 다른 그리스도인들의 궁핍한 것을 도와주었고(히 6:10), 그리스도의 이름 때문에 즐거이 박해를 받았고 재산의 손실도 감수했다(히 10:32-34).

그러나 이 편지를 쓸 당시에는 그들을 처음 가르쳤던 교사들과 지도자들이 죽은 뒤였으며(히 13:7), 그들이 그리스도에 대한 믿음에서 떠나 다시 유대주의로 되돌아가려는 상황에 있었다(13:9-14). 히브리서 기자는 초대 교회에서 유명한 지도자였음이 틀림없지만 누구인지는 알려지지 않았다. 바울이 히브리서를 썼다고 말하는 사람들도 있지만 확정할 수는 없다.

그들이 유대주의로 돌아가려고 했던 이유 중의 하나는 1세기의 로마 정부가 유대교의 예배는 허용했지만 기독교는 위법 종교로 간주했기 때문이다. 히브리서 기자는 독자들에게 그들이 피를 흘리는 희생을 감수하더라도 그리스도에게 충실할 것을 권했다(히 12:3-4).

히브리서의 핵심 요절은 **히브리서 10:19-25**이다.

19-20절에서는 예수 그리스도가 궁극적인 '새로운 생명의 길'이라고 말한다. 이것은 히브리서 4:14-10:18의 내용을 요약한 것이다. **21절**에서는 예수님이 마지막 대제사장이라고 말하는데 이것은 히브리서 1:1-4:13의 논지이다.

예수 그리스도가 궁극적이고 최종적이며 완전한 구원의 길이 되시므로 독자들과 모든 그리스도인들은 히브리서 10:22-25의 명령에 순종해야 함을 강조한다.

히브리서는 그들이 박해 때문에 다시 돌아가려는 유대교의 모든 것보다 예수 그리스도가 훨씬 뛰어난 분이심을 보이고 있다. 유대교를 이루고 있는 중요 요소들인 선지자들, 천사들, 모세와 율법, 희생 제물과 대제사장들보다 훨씬 뛰어난 분이시며, 율법과 속죄를 위한 제사와 제사장은 온 인류의 죄를 담당하여 영원한 구원을 이루신 그리스도의 그림자에 불과하다는 것을 보임으로 박해 속에서도 믿음을 굳게 지켜나가라고 권면한다.

히브리서에 나타난 주요 교리

* 인간과 그리스도와의 연합 : 2장
* 그리스도인의 믿음의 안식 : 4장
* 구약 율법보다 더 나은 새 언약 : 8, 10장
* 구약의 위대한 믿음의 영웅들 : 11장

1) 히브리서 10:22-25에 의하면 그리스도인이 행해야 할 네 가지는 무엇인가?

(1) 참 마음과 온전한 믿음으로 하나님께 나아가자.

(2) 우리의 믿는 도리의 소망을 움직이지 말고 굳게 잡자.

(3) 사랑과 선행을 서로 격려하자.

(4) 함께 모이는 것을 폐하지 말자.

2) 이러한 명령을 지지하기 위해 히브리서 기자가 사용한 두 가지 논거를 당신 자신의 말로 요약하라.

(1) 10:26-31 무서운 심판을 생각하라.

(2) 10:32-34 전에 큰 싸움을 기쁨으로 견뎌낸 것을 생각하라.

3) 서신서의 저자는 박해 가운데서도 그리스도께 충실하기 위해 어떤 자세를 가지라고 하는가? (10:35-39)

믿음의 확신을 가지고 담대함을 버리지 말고 인내하라고 한다.

4) 구약의 신자들은 필요한 이런 자세를 어떻게 얻게 되었는가? (11:1-39)

믿음의 확신을 통해 이런 자세를 얻게 되었고 그 결과 믿음의 영웅이란 칭호를 얻게 되었다.

히브리서는 믿음으로 우리가 얻게 된 자격을 설명하고 그것에 대해 확신하라고 한다(히 10:19-25).

1. 믿음으로 얻은 지위
   (1) 우리는 아버지께로 갈 수 있는 온전한 길이신 그리스도 안에 거하고 있다.
   (2) 이 지위로 인해 두려움 없이 담대하게 하나님께 나아갈 수 있다.
   (3) 그리스도의 피는 죄를 깨끗케 하시고 용서해 주신다.

2. 믿음의 확신
   (1) 하나님 앞에서 대제사장이신 그리스도를 통한 죄 사함을 확신할 수 있다.
   (2) 신실하신 하나님은 반드시 약속을 지키신다.

5) 구약에 나오는 신앙인들이 살았던 삶을 볼 때 당신은 무엇을 해야 하는가? (히 12:1-4)

무거운 짐인 걱정을 내려놓고, 넘어뜨리는 죄를 피하며, 인내로 믿음의 경주를 해야 한다.

2 야고보서

이 서신의 저자는 초대교회에서 유명한 인물이었던(행 15:13) 예수님의 동생 야고보이다. 당시 야고보는 흔한 이름이었기 때문에 유명하지 않은 사람이 자기를 소개할 때는 더 잘 알 수 있도록 출신지나 부모 또는 형제의 이름을 덧붙였다. 그러나 초대교회의 뛰어난 지도자였던 야고보는 이런 설명이 필요 없었다.

야고보는 말뿐인 믿음과 비교하여, 마음과 생활 속에서 참된 믿음을 나타내는 특징들을 그리스도인들에게 상기시키고, 그리스도를 위해 고통을 당할 때에도 어떻게 기뻐할 수 있는지를 분명하게 말해 준다.

야고보는 예루살렘 교회의 감독으로서 교회에 영향력 있는 인물이었다. 주위 사람들은 그를 '의로운 사람'이라고 불렀다. 그는 바울의 이방인 전도를 찬성하였으나 그 자신은 유대인으로서 유대인 전도에 우선적인 관심을 가졌다. 그의 전 생애의 목적은 유대인을 그리스도께로 인도하고 변화시키는 일이었다.

야고보서의 주요 교리

* 시련의 가치
* 분별력
* 믿음과 행위의 대조
* 혀의 사용(말조심)
* 세속적인 마음
* 불의한 부자들에 대한 경고
* 그리스도를 믿는 성도들의 행동 지침

1) 그리스도인은 왜 어려운 상황을 만나도 기뻐해야 하는가? (약 1:2-4, 12)

하나님께서는 역경을 통해 그리스도인들을 성숙시키며 생명의 면류관을 주시기 때문이다.

2) 그리스도인은 어려운 시련을 당할 때 어떻게 해야 하는가? (1:5-8)

그의 필요에 대해 믿음으로 하나님께 기도해야 한다.

3) 그리스도인들이 시험을 받을 때 항상 기억해야 할 두 가지는 무엇인가?

(1) 1:13-16 시험은 하나님께로부터 온 것이 아니다. 하나님은 아무도 시험하지 않는다.
그리고 각 사람이 시험을 받는 것은 자기 욕심에 끌려 유혹을 받는 것이다.

(2) 1:17-18 모든 좋은 것들은 하나님께로부터 온 것이다.

4) 성경을 통해서 하나님께서 말씀하시는 것을 듣는 것만으로 충분하지 않다. 그리스도인에게 더욱 강조되어야 할 것은 무엇인가? (1:21-25)

말씀을 행하는 자가 되어야 하고 배운 대로 살아가는 자가 되어야 한다.

우리는 그리스도인이라고 말만 하지 말고 어떻게 해야 되는가? (1:26-27)

어려운 이들을 돌보고 세상에 물들지 않게 자기를 지켜야 한다.

야고보서는 내적 신앙의 증거가 되는 외적인 선행을 강조한다.

그리스도인의 행실을 강조하는 구절들

* 2:1-4 편견
* 3:10-12 대화와 혀
* 4:6, 17 겸손과 선행

5) 야고보서 5장을 읽고 이번 주에 당신의 삶에 적용할 몇 가지 명령을 적으라.

3 베드로전후서

1) 베드로전서

베드로전서는 소아시아(현재 터키)에 흩어져 있는 여러 교회에 쓴 편지이다. 야고보서와 같이 베드로전서의 목적은 로마제국의 무서운 박해 속에서도 그리스도인들이 믿음에 굳건히 설 수 있도록 돕는 것이다.

베드로는 그의 독자들이 소유한 구원의 경이로움을 언급함으로 편지를 시작한다(1:3-12). 그리고 삶의 모든 영역에서 성실하게 살아가며 고난 가운데서도 그리스도를 본받아 겸손히 순종하라고 권한다.

베드로가 살던 당시에 교회는 큰 박해를 받았으며, 많은 그리스도인들이 네로 황제의 원형극장에서 순교했다. 네로 황제의 박해는 그리스도인들에 대한 박해의 정당성을 부여했다. 요한복음 21:18에서 예수님이 말씀하신 대로 베드로는 순교를 당했다고 전해진다.

베드로전서에 나타난 교리

* 그리스도인의 썩지 않을 유업
* 성도들의 삶 (지도자들, 정부, 가족들에 대한 그리스도인의 태도)
* 불같은 시험
* 인내와 시련에 대한 보상

(1) 베드로가 우리에게 주는 다섯 가지 권면을 적어보라. (벧전 1:13-2:3)

① 1:13 마음을 지키고 온전히 그리스도를 바라라.

② 1:14-16 하나님이 거룩하신 것처럼 거룩한 자가 되라.

③ 1:17-21 하나님을 경외함으로 나그네의 삶을 살라.

④ 1:22-25 마음으로 뜨겁게 피차 사랑하라.

⑤ 2:1-3 순전하고 신령한 말씀을 사모하라.

(2) 그리스도인들이 하나님을 믿고 이 권면을 지키며 살아가면 어떤 결과가 있는가? (벧전 2:4-10)

그리스도인은 그리스도로 인해 실망하거나 부끄러움을 당하지 않을 것이다

그리스도로 인해 변화된 우리의 삶

(1) 죄에 대하여 죽고 의에 대하여 살게 하심 (벧전 2:24)

(2) 그리스도의 내주하심으로 점차 성화되어 감 (벧전 3:17)

(3) 하나님의 뜻 안에서 살게 함 (벧전 4:2)

(4) 가족 관계의 변화 (벧전 3:1-7)

(3) 베드로전서의 핵심구절은 2:9-10이다. 그리스도인의 생활은 단순히 구원의 영광을 즐기는 데 있는 것이 아니다. 믿지 않는 자들에게 구원의 은총을 간증하는 영광을 누리는 것이다.

① 그리스도인들은 삶속에서 주변 사람들에게 어떻게 전도해야 하는가? (벧전 2:11-12)

주변 사람들이 그리스도인의 선한 일을 보고 하나님께 영광을 돌리게 함으로 전도할 수 있다.

② 정부와의 관계에 있어서 그리스도인은 어떻게 그리스도께 영광을 돌릴 수 있는가? (벧전 2:13-17)

억지로 하는 것이 아니라 자발적으로 정부의 법에 순종함으로 영광 돌릴 수 있다.

③ 고용주와의 관계에 있어서 그리스도인은 어떻게 그리스도께 영광을 돌릴 수 있는가? (벧전 2:18-25)

존경하는 마음으로 순종한다. 까다로운 주인에게도 그렇게 한다. 부당하게 고난을 받아도 하나님을 생각함으로 슬픔을 참으면 아름다운 것이라고 말씀하신다. 왜냐하면 그리스도도 그렇게 하셨기 때문이다. 베드로 당시에 기독교인들 중에 종들이 많았다. 베드로는 그들에게 기독교인으로서의 본과 덕을 세울 것을 격려하고 고난을 견디라고 한다.

④ 그리스도인 아내가 믿지 않는 남편에게 가장 효과적으로 그리스도를 전도할 방법은 무엇인가? (벧전 3:1-6)

남편에게 온유하고 존경하는 마음으로 순종한다. 안 믿는 남편들도 아내의 정결한 행실을 보고 구원을 받을 수 있도록 하라고 권면한다. 외모보다는 내적인 온유함과 안정된 심령(quiet spirit)은 하나님 앞에 값진 것이다. 사라를 이에 대한 좋은 예로 들었다.

⑤ 그리스도인 남편은 어떠한가? (벧전 3:7)

'지식을 따라'라는 말은 남편들이 아내의 영적, 육적, 감정적 필요를 이해할 필요가 있음을 지적한다. 아내를 더 연약한 그릇(육적으로나 감정적으로)으로 귀히 여기고 존중한다. 아내는 생명의 은혜를 함께 이어받을 동료 상속자로 여겨야 한다. 이렇게 하지 않으면 기도가 응답되지 않을 것이라고 가르친다. 남편이 아내를 어떻게 대하느냐가 영성과 직결되어 있다.

2) 베드로후서

디모데후서가 순교 전 바울의 마지막 유언을 기록한 것처럼 베드로후서도 베드로의 순교 전 마지막 메시지이다(1:14. 참조 요 21:19). 이 서신서는 베드로전서의 주제의 연속이다. 베드로전서가 기록되었을 때 그의 독자들에게 시작되었던 고난들이 계속되었다. 베드로후서의 목적은 그의 독자들이 끝까지 신실하게 견디라고 권면하는 것이다.

베드로후서는 베드로전서와 같은 독자들에게 보낸 두 번째 글이다. 두 번째 편지를 보낸 목적은 당시 활동 중이던 배교자에 대해 경고하기 위함이었다.

믿음을 지키는 방법

(1) 하나님의 약속들을 믿고 주장함 (벧후 1:4)
(2) 그리스도를 위한 삶을 통하여 세상이 하나님의 사랑과 진리를 보고 알 수 있게 함
(3) 진실한 신앙을 갖지 않은 사람들을 분별함
(4) 성경의 믿을 수 있고 확실한 예언의 말씀에 주의를 기울임 (벧후 1:19)
(5) 거짓 선지자들과 그 가르침에 주의함 (벧후 2:1)
(6) 거룩한 삶을 살아감 (벧후 3:11)

베드로후서의 주요 교리

* 믿음에 대한 위대하고 귀중한 약속들
* 거짓 교사들과 불경건한 사람들의 멸망
* 그리스도의 재림 시기

(1) 독자들이 무엇을 통해 하나님의 은혜에 대하여 들을 수 있었는가?

1:12-18 예수님의 권위에 대한 베드로의 증언

1:19-21 그들이 읽은 구약 성경

(2) 하나님의 백성들을 진리에서 벗어나 그릇 가도록 가르치는 사람들은 항상 있었다. 거짓 예언자들의 특성은 무엇인가? (2:1-22)

① 음심이 가득한 눈 (2:14)

② 탐욕으로 가득함 (2:14)

③ 미혹되어 악한 것을 따르려고 바른 길을 떠남 (2:15)

(3) 어떤 사건이 그리스도인들의 현재 행동을 결정해야 하는가? (3:10-14)

그리스도의 재림

(4) 그리스도의 재림이 당신의 현재 생활에 어떤 영향을 끼치는가?

4 요한서신

기독교가 세상에 알려진 후 60-70년이 지나자 로마 제국의 많은 영역에서 엄청난 영향을 끼쳤다. 이러한 교회의 영향력을 깨달은 거짓 교사들은 그 힘을 약화시키기 위해 활동했다. 요한의 서신들은 거짓 교훈들을 바로잡고, 하나님의 사랑과 그리스도인의 의를 자세히 설명하기 위해 기록되었다.

요한서신의 주요 교리

* 하나님의 빛 가운데 거하는 법
* 진정한 의로움
* 사랑
* 거짓 선지자와 교사들
* 사도들과 택함 받은 종들의 권위를 인정해야 함

1) 요한일서

사도 요한은 노년에 에베소에 정착했는데, 그곳에서 바울의 사역으로 그리스도를 믿게 되었던 그리스도인들과 함께 지내게 되었다. 당시 에베소 주변 지역에는 하나님께서 예수 그리스도로 성육신하지 않았으며 거룩한 생활이 그리스도인의 삶의 본질적인 것이 아니라고 선포하는 거짓된 가르침이 판을 치고 있었다.

요한일서는 이러한 이단에 대항하기 위해 기록되었다. 그러나 이 책은 단순한 반박 그 이상이며 신약성경 중에 가장 아름답고 영감 넘치는 글이다.

핵심구절은 "내가 하나님의 아들의 이름을 믿는 너희에게 이것을 쓴 것은 너희로 하여금 너희에게 영생이 있음을 알게 하려 함이라"(요일 5:13)는 말씀이다.

요한일서는 에베소 주변의 교회들에게 보낸 사도 요한의 사적인 서신이었으며 주변 교회들이 두루 돌려 보았다. 이 서신은 이단에 대해 경고하면서 복음의 주요 본질을 강조하고 있다.

(1) 요한일서 1:1-5:13의 말씀 속에서 영생의 확신을 얻을 수 있는 다섯 가지를 찾아보라.

① 1:7 우리가 빛 가운데 행하면

② 2:3 우리가 그의 계명을 지키면

③ 2:15 우리가 세상을 사랑하지 않으면

④ 3:6 우리가 습관적으로 죄를 짓지 않으면

⑤ 4:7 우리가 서로 사랑하면

2) 요한이서

요한의 이 짧은 서신의 수신자가 개인인지 혹은 교회인지 확실하지 않으나 후자일 가능성이 높다. 교회라고 보는 것은 "택하심을 받은 부녀"는 교회를, "그의 자녀들"은 교회 구성원들을 비유적으로 가리킨다고 생각하는 것이다.

(1) 요한에게 큰 기쁨을 주는 것은 무엇인가? (1:4)

하나님의 자녀가 하나님께 받은 계명대로 진리를 행하는 것

(2) 요한이 교회에 주려고 하는 메세지의 중심 내용을 자신의 말로 요약해 보라.

(3) 진리 안에서 행하는 자들에게 어떻게 사랑을 더 잘 표현할 수 있을까?

3) 요한삼서

이 서신의 주인공은 가이오와 디오드레베이다. 교회 지도자들이 교회를 세우기 위해서 이 도시 저 도시로 다닐 때 그들은 그 지역의 동료 신자들의 접대에 의존했다.가이오는 이러한 지도자들을 자신의 집으로 초대해 환대했다. 요한은 가이오에게 그의 환대와 신실함에 대해 감사하고 그가 믿음 안에서 계속 살아가도록 격려하기 위해 이 편지를 썼다.

(1) 가이오에게 앞으로도 계속해서 하라고 격려한 것은 무엇인가? (1:2-8)

나그네 된 자들을 맞아 환대하는 것

(2) 가이오가 본 받아서는 안 될 디오드레베의 행실은 무엇인가? (1:9-11)

디오드레베는 교회에서 으뜸 되기를 좋아하는 자로 묘사되어 있다. 그는 교회에서의 지위와 권위를 악용해서 자신에게 유리한 일을 하는 자이다.

디오드레베가 한 일은 세 가지로 요약된다.

1) 악한 말로 비방하는 것(잘못된 고발)

2) 나그네들을 환대하지 않는 것

3) 나그네를 환대하는 자들을 내쫓는 것

(3) 디오드레베와 같은 태도가 교회 연합에 어떤 영향을 끼친다고 생각하는가?

5 유다서

많은 성경학자들이 유다는 예수님의 형제들 중의 하나로 예수님께서 공생애를 마치신 후에 회심했다고 본다. 유다는 자신을 '야고보의 형제'라고 부르고 있으며(1절), 17절에서 자신은 정식 사도가 아니었다고 밝히고 있다.

유다서의 주요 교리

* 임박한 배교에 대한 경고
* 거짓 교사들에 대한 묘사
* 타락한 천사들과 그들의 운명
* 천사 미가엘과 악마의 대결
* 에녹의 예언

이 서신의 전체 흐름은 모든 그리스도인이 하나님께서 성도에게 주신 믿음의 도를 위해 힘써 싸워야 한다는 것이다(1:3).

1) 유다가 이 서신을 쓴 이유는 무엇인가? (3-4절)

유다서 1:3-4 [3]사랑하는 자들아 우리가 일반으로 받은 구원에 관하여 내가 너희에게 편지하려는 생각이 간절하던 차에 성도에게 단번에 주신 믿음의 도를 위하여 힘써 싸우라는 편지로 너희를 권하여야 할 필요를 느꼈노니 [4]이는 가만히 들어온 사람 몇이 있음이라 그들은 옛적부터 이 판결을 받기로 미리 기록된 자니 경건하지 아니하여 우리 하나님의 은혜를 도리어 방탕한 것으로 바꾸고 홀로 하나이신 주재 곧 우리 주 예수 그리스도를 부인하는 자니라

이단에 대항하기 위해서

2) 유다가 그의 독자들이 잊지 않고 기억하기를 원하는 두 가지 일은 무엇인가?

5-16절 하나님께서 믿지 않는 자들을 어떻게 다루시는가

17-19절 사도들이 전한 경고의 말씀

3) 많은 거짓 교사들이 있는 때에 그리스도인이 해야 할 책임은 무엇인가? (20-23절)

1) 믿음에 굳게 서는 것

2) 성령 안에서 기도하는 것

3) 하나님의 사랑 안에서 자신을 지키는 것

4) 예수 그리스도의 긍휼을 기다리는 것

5) 아래 세 그룹에 대해 긍휼(mercy)을 베풀 것

(1) 첫 번째 그룹 : 위의 가르침을 의심하는 자들 - 이들을 비판하지 말고 격려할 것

(2) 두 번째 그룹 : 구원받지 못한 자들 - 이들을 구원할 것

(3) 세 번째 그룹 : 아주 심하게 타락한 자들 - 이들에게는 긍휼을 베풀되 두려움과 조심함으로 할 것

4) 24-25절에서 보여 주는 하나님의 하시는 일에 대해서 찬양하라.

유다서 24-25 [24]능히 너희를 보호하사 거침이 없게 하시고 너희로 그 영광 앞에 흠이 없이 기쁨으로 서게 하실 이 [25]곧 우리 구주 홀로 하나이신 하나님께 우리 주 예수 그리스도로 말미암아 영광과 위엄과 권력과 권세가 영원 전부터 이제와 영원토록 있을지어다. 아멘!

생명과 거룩함을 위해 필요한 모든 것을 은혜로 우리에게 주신 하나님께 영광을 돌리자. 과거, 현재, 미래의 우리의 모습에 근거를 두지 말자. 그리스도께서 십자가에서 '다 이루었다'고 말씀하셨다. 이는 하나님이 우리를 받아들일 수 있도록 모든 것을 완전히 이루었다는 영원한 표시이다. 하나님과 우리를 분리시키는 유일한 장벽은 불신의 죄이다.

적용

1. 이 과에서 당신에게 가장 의미 있는 것은 무엇인가?

2. 아래의 각 서신들에서 특별히 당신에게 도움이 된 한 가지 중요한 진리를 적어보라.

1) 히브리서

2) 야고보서

3) 베드로전서

4) 베드로후서

5) 요한일서

6) 요한이서

7) 요한삼서

8) 유다서

3. 각 진리를 당신 삶에 어떻게 적용할 것인지 적어보라.

외울 말씀 히브리서 1:1-2
옛적에 선지자들을 통하여 여러 부분과 여러 모양으로 우리 조상들에게 말씀하신 하나님이 이 모든 날 마지막에는 아들을 통하여 우리에게 말씀하셨으니 이 아들을 만유의 상속자로 세우시고 또 그로 말미암아 모든 세계를 지으셨느니라.

읽을 말씀 야고보서

제9과 요한계시록

학습 목표 : 요한계시록를 읽고 그리스도의 재림을 예비할 수 있다.

신약성경의 마지막 책인 요한계시록은 사도 요한이 그리스도인이라는 이유로 밧모섬에서 유배 당해 있는 동안 그가 받았던 계시를 기록한 것이다. 계시록의 많은 내용들은 이해하기 어렵다. 교회 역사상 위대했던 신학자들도 이 책을 모두 해석하는 일은 감당할 수 없다고 느꼈다. 예를 들면, 위대한 개혁자 칼빈(Calvin)은 성경의 다른 모든 책들에 대한 주석을 썼지만 요한계시록은 주석을 쓰지 않았다.

분명한 것은 이 책 전체의 의미가 명확하지 않더라도 이것을 읽는 자는 복이 있으리라는 약속이다(계 1:3). 애매한 부분도 있지만 어떤 개념들은 아주 명확하게 드러난다. 1장부터 3장까지는 요한에게 나타나신 예수님을 묘사하고, 소아시아 일곱 교회에 보내는 메시지를 기록하고 있다. 이 메시지들은 뜻이 아주 분명하다. 4장부터 18장까지는 난해하여 이해하기 어렵지만, 19장부터 22장까지는 하나님께서 이 세상에 최후의 구원을 가져오실 사건들에 관한 것으로 대부분 명확하다. 이 네 장은 창세기부터 이어져 온 구속의 역사를 완성하는 데 매우 중요하다.

'사도요한의 계시록'이라고 부르는 이 책은 엄밀히 말하면 '예수 그리스도의 계시록'(계 1:1)이다. 이 책은 시간과 영원 속에서 일어나는 구속받은 성도들과 이 세상에 대한 하나님의 미래 계획을 보여 준다.

이 계시록은 인봉되지 않았기 때문에 우리가 공부해야 한다(계 22:10). 성경의 예언들에는 숫자와 상징들이 곳곳에서 나타나는데, 계시록은 그 해석의 근거를 제공한다. 이 숫자와 상징들은 다 요한계시록에 집중되어 나타나므로 성경의 다른 예언들과 이 계시록을 연관 지어 일관성 있게 연구할 때 더 잘 이해할 수 있다.

계시록은 하나님의 백성인 우리가 하나님의 보호를 받으며, 영원한 복을 누린다는 것을 거듭 확인시켜 준다. 또한 이 땅과 하늘의 장면들이 펼쳐지면서 구원받은 자의 기쁨과 구원받지 못한 자의 고통을 대조한다.

요한계시록을 기록하던 시기는 수많은 그리스도인들이 화염 속에 순교할 때였다. 당시 교회는 놀랍게 성장을 하면서 또한 심한 핍박을 받고 있었다.

A.D. 96년경 하나님께서 그리스도를 통해 천사를 보내어 요한에게 기록하게 하셨다(계 1:1). 요한은 이 책을 완성한 후 일곱 교회에 보냈다. '사랑받는 제자'로 불리던 요한은 예수님의 지상 생애 동안 가장 친밀한 친구였다(요 21:20, 24).

1 예수 그리스도

1) 요한계시록 1:9-20에서 요한이 묘사했던 예수 그리스도에 대해 당신이 느낀 인상을 자신의 말로 적어보라.

2) 예수님의 이러한 모습이 구세주로서의 모습과 어떻게 다른가?

여기서의 예수님의 모습은 인간 이상의 모습이다.

요한계시록은 여러 가지 해석 방법들이 있으나 가장 좋은 것은 요한계시록 1:19에 따른 아래의 방법이다.

1. '이미 본 것' – 영광을 입은 그리스도의 환상을 봄(1장)
2. '지금 있는 일들' – 일곱 교회에 보내는 서신들(2-3장) –일곱 교회는 교회 시대의 기독교의 선과 악의 모든 면들을 말해 준다.
3. '앞으로 일어날 일들' – 장차 일어날 사건들을 보여 주심(4-22장) – 이 부분은 대환란과 예수 그리스도의 재림과 천년 왕국에 대해 자세하게 기록하고 있다.

2 교회

1) 요한이 편지를 써서 보내라고 명을 받았던 일곱 교회들의 이름을 적고 그가 각 교회에게 주는 핵심 메시지를 한 가지씩 말해 보라.

(1) 에베소교회 : 그들의 처음 사랑을 버렸으니 회개하여 처음 사랑을 회복하라.

(2) 서머나교회 : 환난에 직면하여 격려를 주심 - 고난을 두려워하지 말고 죽도록 충성하라.

(3) 버가모교회 : 거짓된 교훈을 가르치는 악한 교사들에 대한 경고 - 회개하라.

(4) 두아디라교회 : 우상숭배와 섞인 혼합주의적 종교생활에 대한 경고- 순수한 믿음을 굳게 잡으라.

(5) 사데교회 : 죽게 된 것을 깨어나도록 호소 - 회개하고 일깨어 죽게 된 것을 굳건하게 하라.

(6) 빌라델비아교회 : 격려와 약속 - 작은 능력으로 말씀을 지키고 배반하지 않았으므로 시험의 때를 면하게 하리라. 네가 가진 것을 굳게 잡아 아무도 네 면류관을 빼앗지 못하게 하라.

(7) 라오디게아교회 : 타협과 열의 없음에 대한 경고 - 회개하라. 열심을 내라.

2) 계시록에서 보았던 특징들 중에서 당신의 교회에서 볼 수 있는 비슷한 것은 무엇인가?

3 마지막 사건들

1) 요한계시록 19:1-21에는 어떤 큰 사건이 기록되어 있는가?

어린 양의 혼인 잔치, 그리스도의 재림, 짐승과 거짓 선지자의 최후의 심판

2) 그리스도의 천년 왕국이 시작될 때 사탄의 운명은 어떻게 되는가? (20:1-3)

사탄은 쇠사슬에 결박되어 천 년간 무저갱(끝이 없는 구멍)에 던져 넣어질 것이다.

3) 그리스도의 천년 왕국 끝에 사탄의 최후는 어떻게 되는가? (20:7-10)

사탄은 불과 유황으로 타는 못에 던져져서 영원히 괴로움을 받게 된다.

4) 모든 믿지 않는 자의 운명은 어떻게 될 것인가? (20:11-15)

믿지 않는 자들이 심판을 받고 불과 유황으로 타는 못에 던져질 것이다.

5) 예수 그리스도의 재림 후 이 땅에서의 삶과 달라질 그리스도인들의 궁극적 상황 세 가지를 적어보라(21:1-7).

(1) 그리스도인들은 새 예루살렘에 살 것이다.

(2) 그리스도가 친히 그의 백성들 중에 함께 계실 것이다.

(3) 더 이상 애통하는 것, 우는 것, 아픈 것이 없을 것이다.

예수 그리스도는 분명히 다시 오신다! 그 때 인류가 이룬 모든 물질문명은 파괴될 것이다. 그리스도인들은 그리스도를 위해 한 일과 또한 이 땅에서의 행한 것들에 근거하여 심판을 받게 될 것이다.

신실한 자들에게는 그리스도의 재림이 삶에 가장 중요한 일이 될 것이다. 당신은 그리스도의 재림을 기다리고 있는가? 우리가 주님께 더 가까이 갈수록, 주님과 함께 할 우리의 미래는 생각만 해도 우리를 벅차게 할 것이다.

적용

1. 이 과에서 당신에게 가장 의미 있는 것은 무엇인가?

2. 그리스도의 재림과 앞으로 일어날 일들에 대해 당신은 어떻게 준비 하겠는가?

3. 아래에 일곱 교회들에게 주어진 명령들이 나온다. 당신 삶의 구체적인 영역에서 그 명령들을 순종할 수 있는 한 가지 방법을 적으라.

교회에 주어진 명령	순종할 방법
에베소서 : 처음 사랑을 회복하라.	
서머나 : 시련 중에 충성하라.	
버가모 : 거짓 교훈을 좇지 말라.	
두아디라 : 순수한 믿음을 굳게 잡으라.	
사데 : 영적 방심에서 깨어나라.	
빌라델비아 : 하나님의 말씀을 굳게 지키며 전하라.	
라오디게아 : 미온적이지 말고 하나님을 위해 열심을 내라.	

외울 말씀 요한계시록 21:4
모든 눈물을 그 눈에서 닦아 주시니 다시는 사망이 없고 애통하는 것이나 곡하는 것이나 아픈 것이 다시 있지 아니하리니 처음 것들이 다 지나갔음이러라

읽을 말씀 요한계시록 1-3장; 19-22장

성경을 공부하는 방법

개관: 그리스도인의 삶은 다른 사람들에게 그리스도인의 좋은 것들을 나누는 것이다.

성경을 공부하는 데 네 가지 필수 조건이 있다. 그것은 받아들이고, 순종하고, 헌신하고, 전달하는 것이다.

첫째, 진리를 받아들이라.

둘째, 그 가르침에 순종하라.

셋째, 더 깊이 알고 깨닫는 데 헌신하라.

넷째, 다른 사람과 나누라. 그리스도인의 생활이 당신에게 좋다면 그것을 다른 사람에게 나누라.

성경을 공부할 때 노트를 사용하라. 당신이 성경을 공부할 때마다 다음의 질문들에 대한 답을 적으라.

1. 나는 누구에 대해서 읽고 있으며 그들에게서 배운 것이 무엇인가?
2. 나는 어떤 장소에 대해 읽고 있으며 그 장소에 대해서 어떤 것들을 배웠는가? 그 지역에 대한 언급이 없다면 나는 그 장소를 어떻게 찾을 수 있을까? 지도에서 그 위치를 아는가?
3. 내가 방금 읽은 내용을 기억해서 말할 수 있는가?
4. 메시지 이해를 도와주는 병행 구절이나 본문이 있는가?
5. 하나님 아버지에 관해서 무엇을 배웠는가?

예수 그리스도에 관해서는 무엇을 배웠는가?

성령에 관해서는 무엇을 배웠는가?

6. 나 자신에 대해서 무엇을 깨달았는가?

나의 죄성에 대해서는 무엇을 깨달았는가?

영적인 새로운 본성에 대해서는 무엇을 깨달았는가?

7. 내가 지켜야 할 의무가 있는가?

내가 따라야 할 본보기가 있는가?

주장할 수 있는 약속은 있는가?

나를 인도하는 어떤 훈계가 있는가?

내가 해야 할 기도가 있는가?

8. 각 장이나 단락의 핵심 요절은 어느 절인가? 그것을 암송할 수 있는가?

–무디(Dwight L. Moody)

MEMO